SENKBLEI DER GESCHICHTEN

ALEXANDER KLUGE JOSEPH VOGL

SENKBLEI DER GESCHICHTEN

GESPRÄCHE

DIAPHANES

INHALT

DAS LOCH IN DER WIRKLICHKEIT

GESPRÄCH ÜBER GESPRÄCHE

Herr Kluge, Herr Vogl, wenn Sie im Fernsehen miteinander sprechen, geht es immer gleich zur Sache. Wir würden Sie aber bitten, einander vorzustellen.

KLUGE: Joseph Vogl, das ist ein Mann, der mir eines Tages begegnet ist als Übersetzer von Deleuze. Ich bin fasziniert davon, wie man mit ihm als Freund umgehen kann, als sachlichem Freund. Wenn wir uns auf ein Gespräch konzentrieren, vergesse ich, was ich denke, konzentriere mich auf ihn und nehme an, dass er sich auch auf mich konzentriert, ohne dass er weiß, was ich frage, ohne dass ich weiß, was er antworten wird. Er ist eine Art künstlerischer Tätigkeit, wie auf dem Trapez.

VOGL: Es sind wahrhafte Begegnungen, man weiß nicht, was passiert. Dabei verlasse ich mich auf Alexander Kluges Navigationsfähigkeit, gerade in unübersichtlichem Gelände. Vor allem aber ist er ein Spezialist für Ereignisse, ein großer Eventualist im doppelten Sinn. Er stellt einerseits wie kein anderer die Frage danach, aus welchen Umständlichkeiten Ereignisse entstehen. Und andererseits geht es ihm stets um die unerledigten Möglichkeitsreste, die in den Ereignissen stecken. Und bei alledem schätze ich Kluges zarte chirurgische Hand.

Was Sie tun, ist ja fast eine Unmöglichkeit: Zwei Männer führen sehr anspruchsvolle Gespräche, und eine Fernsehkamera schaut ihnen dabei zu. Die Männer scheinen aber ganz vergessen zu haben, dass da eine Kamera ist.

KLUGE: Das ist ja das Wichtige: Dass ich die Kamera vergesse, und dass sie trotzdem die Situation regiert. Das ist so ähnlich, wie wenn zwei Sophisten im alten Griechenland sich treffen. Das geht nur auf dem Markt. Das geht nur dort, wo die anderen auch sind. Und dann steigern sie sich in etwas hinein, um anschließend befriedigt essen zu gehen.

Um Meinungen scheint es Ihnen nicht zu gehen. Manchmal hat man den Eindruck, sie verstehen Ihre Gespräche geradezu als Gegengift zur inflationären Meinungsproduktion.

KLUGE: Ja.

Was haben Sie gegen Meinungen?

KLUGE: Wenn es eine Meinung gibt und eine Gegenmeinung und noch eine dritte, dann könnten wir das wie eine Fibel aufsagen.

Ganz im Sinne Brechts: »Eine Meinung kann jeder haben. Ein guter Mann kann gut und gerne zwei bis drei Meinungen haben. Einer ist keiner, und über weniger als zweihundert brauchen wir gar nicht erst zu sprechen«?

VOGL: Das trifft es schon, in gewisser Weise. Die Meinung hat, wenn sie intelligent ist, eine tiefe Wurzel im gesunden Menschenverstand. Der aber reicht für einen genauen Blick auf die Sachverhalte, für gewisse Tiefenschärfen nicht aus. Die Meinung beginnt, wo man abschneidet und ausblendet. Sie ist – wie man im Film sagt - eine Art ›amerikanischer Einstellung‹ auf die Wirklichkeit.

KLUGE: Ein guter Jurist erzählt seine Meinung in Form des Sachverhalts, nicht in Form der Urteilsverkündung. Wenn man einen Sachverhalt gut beschreibt, ist die Entscheidung eigentlich schon mitgesagt.

Erstaunlicherweise widersprechen Sie einander nie.

KLUGE: Wenn ich kritisch fragen würde, könnte ich das Gespräch gleich beenden. Mich interessiert es mehr, weiter zu bohren, etwas zu erfahren. Wenn mein Großvater mir etwas von Seeschlangen erzählt hat, habe ich ja nicht kritisch nachgefragt. Ich wollte mehr wissen, weiter bohren …

VOGL: … ja, und manchmal wird man damit so weit gebracht, Dinge zu erzählen, die man bis dahin selbst noch nicht wusste.

Es geht also um Neugierde?

VOGL: Kafka schrieb einmal: Eigentlich ist die Einförmigkeit der Welt schwer erträglich. Noch eigentlicher aber ist die Welt ungemein mannigfaltig. Man muss nur eine Handvoll Welt nehmen und sie genauer ansehen. Das ist unser Prinzip: Wir hegen einen Komplexitätsverdacht, dem man nachgehen muss.

Die Form der Gespräche wird also bestimmt vom gelernten Juristen Kluge, der Sachverhalte klären will. Daher die Betonung des Erzählens, des Narrativen?

KLUGE: Joseph Vogl kann so wunderbar erzählen. Er erzählt zum Beispiel von »Geschlecht und Hand« bei Heidegger und Derrida. Bei Heidegger gibt es das Prinzip Hand. Im Prinzip Hand, sagt Heidegger, liege das Wesen des Menschen. Derrida sagt: Wir haben aber doch zwei Hände.

VOGL: Und dann denken wir zwei darüber nach, was man mit der zweiten Hand macht, wenn das Wesen in der ersten ist.

KLUGE: Neulich hat mich Vogl darauf aufmerksam gemacht, dass die »Ratio« bei Derrida mit dem französischen »Arraisonnement« zusammenhängt, was die Überprüfung einer Schiffsladung im Hafen bedeutet. An so etwas kann ich mich besoffen hören.

Verstehen wir Sie richtig, dass der Einwand »Das ist aber Unsinn!« nicht erlaubt wäre?

KLUGE: Das würde mich nicht rühren. Was wir da treiben im Fernsehen, ist eine Zapperfalle.

Eine was?

KLUGE: Eine Zapperfalle. Einer sitzt und zappt den ganzen Abend und sieht überall dasselbe, in Variationen. Und jetzt sieht er etwas, das völlig anders ist und ihn wundert. Und womöglich bleibt er ja, weil wir, in ganz kurzer Zeit, vom hohen Ton, den Joseph Vogl ja manchmal pflegt, aufs praktische Beispiel kommen.

Ihre Gespräche sind in sich so eine Art Zapping?

KLUGE: Wir sprechen zum Beispiel über die »Vitalität der Heiterkeit«. Das ist sehr hoch. Und dann kommen wir plötzlich auf Offenbachs *Banditen*, die wir so verstehen: Da geraten Schillers Räuber ins Paris von Baron Haussmann und der Bodenspekulation. Es gibt eine Immobilienblase. Und Offenbach fragt, lange vor Brecht: Was ist ein Raub gegen eine Spekulation? Und die Kernmelodie dieser Operette, »Wir kommen, wir kommen, mit leisen Tritten aus dem Wald. Wir kommen, wir kommen, wir sind die Räuber«, wird fast 100 Jahre später zur Erkennungsmelodie der Résistance, 1941.

Ist so ein Zusammenhang womöglich nicht trivial?

VOGL: Das Triviale ist ja kein Sachverhalt und kein Zustand. Es ist eine Bewegung, ein Sturz, ein kleiner Unfall, an dem etwas sinnfällig wird. So wie etwa der Börsencrash mitten in die Champagnerlaune der *Fledermaus* führt. Und dann hat man das Triviale, ein interessantes Missverhältnis.

KLUGE: Da sitzen am Schluss alle im Bunker. 1873 ist das geschrieben, als tatsächlich der österreichisch-ungarische Adel sein Vermögen verlor. »Glücklich ist, wer vergisst, was nicht mehr zu ändern ist«: Einen blöderen Satz kann man sich gar nicht ausdenken. Aber wenn Sie es auf den Börsenkrach anwenden, wo das Geld weg ist, dann haben Sie die Stimmung dieser Operette und verstehen, warum das Stück bis heute zu jedem Silvester gespielt wird.

VOGL: Das ist das Besondere am Trivialen: Es ist eine höchste Verdichtung aller möglichen kulturellen Posten. Wie ein Brühwürfel: Es sind so irrsinnig viele Bilder darin komprimiert, dass ein Klischee herauskommt. Und das muss man dann aufkochen.

KLUGE: Wenn ich an Goethes *Wahlverwandtschaften* denke: eine sehr raffinierte und ironische Vierecks-Geschichte, eigentlich ein Komödienstoff, und doch geht alles schief. Man begeht den berühmten doppelten Ehebruch, heraus kommt das Kind, das im See ertrinkt. Und ich bin traurig, wenn ich das lese, alles ist auf einen Abgrund gebaut. Und dann freue ich mich, dass es daneben die eingeschobene Geschichte von den zwei Nachbarskindern gibt, die sich endlich finden. Das ist eigentlich trivial …

VOGL: ... fast der Inbegriff des Trivialen, dieser eine Satz: »Nichts ward versäumt, es gelang.« Das Triviale ist hier der Platzhalter einer völlig irrwitzigen Hoffnung.

Sie erzählen von den Wahlverwandtschaften, *als wären sie gestern erst erschienen. Die Geistesgeschichte als immerwährende Gegenwart.*

KLUGE: *Die Wahlverwandtschaften*, das sind Nachrichten.

Damit setzen Sie ganz schön viel voraus. Es gibt vermutlich sehr viele Leute, die Ihnen da nicht folgen können.

KLUGE: Ich mache das jetzt mehr als zwanzig Jahre lang im Fernsehen, und ich sage Ihnen: Die Zuschauer werden unterschätzt. Die sehen etwas, das sie nicht kennen und das ihnen interessant erscheint. Und sie bleiben dabei. Neulich habe ich mit einem Stochastiker eine Sendung über den Grenzwertsatz gemacht, und was der über die Finanzkrise aussagt.

Was ist der Grenzwertsatz?

KLUGE: Er bedeutet: Wie viel genauer muss ich werden, um das Unwahrscheinliche mit höchster Wahrscheinlichkeit zu messen. Ich muss, um eine Dezimalsstelle mehr Unwahrscheinlichkeit zu durchschauen, das Tausendfache an Wissen einsetzen. Wie viel Erkenntniskapital brauche ich, um mit gesteigerter Unwahrscheinlichkeit umzugehen. Denken Sie bloß nicht, dass ich das verstehe. Aber wir hatten 12 Prozent Marktanteil.

VOGL: Der Zuschauer ist ja für das Fernsehen ein äußerst hypothetisches Wesen. Das ist ein eindrucksvolles Unternehmen: Der ganze massenmediale Aufwand wird auf die eine Hypothese gegründet, die der Zuschauer ist.

KLUGE: Es sind 6000 Haushalte, die alle bei Mainz liegen. Die werden hochgerechnet.

VOGL: Und das Fernsehen betreibt die Kunst, vom dümmsten anzunehmenden Nutzer auszugehen. Man könnte aber die Hypothese auch umdrehen: Vielleicht gibt es ein kleines Glück des Hinsehens, wenn man versuchsweise einmal nicht unter-, sondern überschätzt wird?

Eine Arbeitshypothese, die Zeitungsredakteuren geläufig ist.

VOGL: Eben. Und wenn man dann, beim Vergegenwärtigen, von Ödipus über die Operette zur Finanzkrise kommt, dann betreibt man elementare Kulturarbeit: umschreiben, neuschreiben, überschreiben.

Die Vergegenwärtigungen des Theaters sehen heute ja so aus, dass, zum Beispiel, Richard III. *so inszeniert wird, als wäre der Mann mein Cousin, einer wie du und ich. Wogegen man immer sagen möchte: Nein, die Differenz ist ungeheuer. Richard ist der Usurpator, der König, kein Verwandter und Privatmann.*

KLUGE: Genau, das ist Majestätsbeleidigung.

VOGL: Unsere Vergegenwärtigungen wollen eher das Gegenteil. Sie sperren sich gegen die Aneignung, das Verwandtschaftsgefühl, die gute Bekanntschaft. Da stellen wir Hindernisse in den Weg. Wir erzählen die Dinge so, wir schreiben sie so um, dass man nicht einfach sagen kann: Kenne ich, kriege ich, habe ich. Wenn einer die Dinge so erzählt, dass sie nur noch bekannt und anschmiegsam sind, unterbricht Kluge ihn. Da schreitet er ein.

Aber kritische Fragen, kritische Meinungen mögen Sie doch nicht.

VOGL: Möglich, aber es geht um etwas anderes. Was mir unterentwickelt erscheint, das ist die Fähigkeit, etwas zu bejahen. Eine Sache zu erzählen, heißt die Bejahung des Eigenlebens dieser Sache. Die sogenannte kritische Nachfrage ist deshalb oft so problematisch, weil sie mit Ressentiment und schnellem Urteil kalkuliert: Es gibt nichts, was nicht verworfen, abgeurteilt, aufgespießt werden könnte. In allen Sendungen sitzen die kleinen Richter und Staatsanwälte. Und das interessiert uns eben besonders: Wie können Dinge aussehen, die nicht durch diese Urteils- und Gerichtsmaschine gezogen wurden.

KLUGE: Jeder Mensch hat von Natur aus eine Urteilskraft. Jeder Mensch kann eine ungerechte Situation, im Irak, in Afghanistan, beurteilen. Das machen Menschen pausenlos. Die Tatsachen sind das Heikle. Wenn ich mir *Jud Süß* anschaue, wie der das junge Mädchen verführt und ins Unglück stößt, dann bin ich mir sicher, dass ich zögern sollte, der propagandistischen Darstellung im Film auf den Leim zu gehen. Faust tut ja das gleiche, er verführt Gretchen und lässt sie im Stich. Es gehört zur Verantwortung des Erzählens, den Tatbestand so darzustellen, dass immer auch die Gegenerzählung mitschwingt.

VOGL: Was ich auch von Alexander Kluge gelernt habe: Wirklichkeit ist etwas, was zunächst einmal praktisch und theoretisch bejaht werden muss; eine schwierige und anstrengende Veranstaltung.

KLUGE: Ich habe es von ihm gelernt. Es geht um Einfühlungsprobleme. Wie übersetzen sich die Dinge in Affekte, der Affekt in einen Begriff? Und welche Geschichten ereignen sich da?

Nur mit diesen Einfühlungstests kann ich genau beschreiben, genau erzählen.

Gibt es in unserer massenmedialen Halbwahrheitsproduktion nicht viel zu viel Aufforderung zur Einfühlung?

KLUGE: Die Einfühlung, die wir meinen, ist nicht identisch mit der Einfühlung von RTL. Wenn etwas von sich selber behauptet, wirklich zu sein, aber die Menschen verletzt, zum Beispiel also die Finanzkrise, der Zweite Weltkrieg: Dann trifft es auf einen Anti-Realismus des Gefühls. Das Gefühl mag solche Dinge nicht, die die Menschen verletzen, also leugnet das Gefühl die Wirklichkeit. Das zeigt sich dann mit einer Turbulenz im Verhältnis zwischen Sache, Affekt und Begriff. Wenn man da erzählen will, muss man das umgraben wie ein Gärtner.

Was hat das mit der Finanzkrise zu tun?

VOGL: Die Finanzkrise ist ja höchst unanschaulich. Was sieht man von ihr? Es gibt in der letzten Zeit immer wieder das Bild der Frankfurter Bankentürme, in einer von Alexander Kluge sehr geschätzten Einstellung: mit schnell ziehenden Wolken dahinter, einem apokalyptischen Himmel.

KLUGE: Die Türme der Deutschen Bank, das ist ja eine Kathedrale der Kunst. Die haben Mailänder Architekten gebaut, und in den reflektierenden Fassaden spiegeln sich ganz Frankfurt und der Himmel.

Ist aber eine solche Aufnahme der Türme wirklich schon das Emblem der Krise?

VOGL: Das ist ein sehr aufgeladenes, verdichtetes Bild. Man kann an den Turmbau von Babel denken, an das Sündenbabel, an das World Trade Center und seine Zerstörung, an das schlechthin Große, an megalomane Projekte aller Art. Und der Affekt dazu heißt: das Erhabene, ein Schauer jedenfalls, der uns auf eine Grenze der Vorstellungskraft verweist. Und für mich wäre das ein Bild der Krise, die sich durch eine Art fiskalischer Erhabenheit auszeichnet: unermessliche Summen, die unmittelbar wirksam werden, aber das Maß unserer Sinnlichkeit sprengen.

Sind die erhabene Architektur und der Schrecken der Krise nicht zwei verschiedene Dinge? Worin besteht das Erhabene der Krise?

VOGL: Während der Inflationen der Weimarer Republik kannte man Leute mit krankhaftem Zählzwang. Die gerieten angesichts der galoppierenden Inflation in einen Taumel, hatten sozusagen physische Ohnmachten beim Wuchern der Summen in die Billionen.

KLUGE: Wenn um zwei Uhr nachts bei Lehmann Brothers alles zusammenbricht, wenn etwas, das gerade noch für wirklich galt, sich als unwirklich erweist, das kann ja nicht erhaben sein. Das Erhabene kann man fürchten oder lieben. Aber wenn es gar nicht wirklich ist, ist es auch nicht erhaben. Die Finanzkrise zeigt die Unwirklichkeit dessen, was sich als Wirklichkeit vorgestellt hatte. Ich empfinde das eher als ein Loch in der Wirklichkeit.

VOGL: Damit haben Sie aber auch das Erhabene beschrieben. Das erhabene Zuschauergefühl ist der Reflex auf das Loch in der Wirklichkeit. Dafür sucht man Anschauungen. Das Erhabene wäre hier die Darstellung des Erschreckens über das Riesenloch in der Wirklichkeit.

KLUGE: Sehen Sie, das habe ich noch nicht gehört. Ich fange an, darüber nachzudenken, und das reicht. Und die Zuschauer, die machen das auch so. Wir sind keine Maulwürfe, sagt Walter Benjamin, wir sind Echolot-Tiere, Fledermäuse, wir werfen mit großem Geschnatter einen Ton an die Wand und hören auf das Echo. Alle Menschen sind Fledermäuse in diesem Sinn …

Die Krise scheint das Denken zu beflügeln.

KLUGE: In meinem Film *In Gefahr und größter Not bringt der Mittelweg den Tod* gibt es eine DDR-Agentin, die soll die Wirklichkeit der Bundesrepublik erforschen. Sie schreibt und schreibt Berichte, ihre Stasi-Genossen sagen: Sie schreiben viel zu viel. Und sie antwortet: Die Staatsgeheimnisse stehen alle im Wirtschaftsteil der *F.A.Z.* Das meiste, was da gerade steht, ist wahr. Ich habe so eine Blüte des ökonomischen Denkens noch nie erlebt.

Sie sind Jahrgang 1932 und Jahrgang 1957. Sie könnten Vater und Sohn sein. Spielt das eine Rolle beim Reden?

KLUGE: Ja, aber ich sehe mich nicht väterlich. Ein Teil meines Seelenlebens geht völlig gleichaltrig mit, und ein anderer Teil hat sentimentale Anker in Gebieten, die ich nicht durchzufechten wage.

VOGL: Umgekehrt gibt es für mich Dinge, die ich nicht verstehe. Was ich nicht wirklich verstehe, ist der Humanist Kluge. Da liegen 25 Jahre dazwischen und bestimmte Lektüren.

Was sind Sie denn?

VOGL: Das weiß Kluge besser. Foucault hat einmal gesagt: »Der Humanismus beantwortet Fragen, die er nicht stellen kann.«

KLUGE: Sehen Sie, und das sind Sätze, wenn Oskar Negt sie hören würde, würde er mir den Verkehr mit Joseph Vogl verbieten. Und das sind meine Freunde. Und das sind sehr gegensätzliche Menschen. Was Sie Humanismus nennen, das ist mein Anteil, den ich aus dem Institut für Sozialforschung und bei Habermas geparkt habe, die ich auch als Freunde empfinde, so wie ich ihn als Freund empfinde. Wenn wir sprechen, sprechen wir auf einer anderen Ebene, die ist jünger. Und ich muss ja nicht immer die ganze Rotte meiner Vertrauensleute hinter mir herziehen. Ich darf ja auch mal außer Häuschen sein.

VOGL: Und darum mag ich den humanistischen Kluge.

KLUGE: Ich bin ja auch nicht aufdringlich.

Interview: Julia Encke und Claudius Seidel

MOBY-DICK IST DAS SENKBLEI DER GESCHICHTE

ERZÄHLUNG VOM ZWEIKAMPF ZWISCHEN MENSCH UND NATUR

KLUGE: In *Moby-Dick* gibt es das Kapitel »Die große Armada«, worum geht es da?

VOGL: Zunächst einmal wird da ein überaus eigentümliches Gebiet beschrieben. Man muss wissen, dass dieses Fabrikschiff, dieses Walfangschiff von Kapitän Ahab, von der Insel Nantucket in Nordamerika auf seiner Fahrt über den ganzen Atlantik schließlich in die Südsee, in den Pazifik nach Südostasien, geraten ist und dort nun in eine der gefährlichsten Weltgegenden, nämlich auf der einen Seite die Straße von Malakka, eine berüchtigte Piratengegend …

KLUGE: … heute wie damals.

VOGL: … heute wie damals eine Gegend, die seit der frühen Neuzeit als Wildnis beschrieben wurde, das heißt: als Gebiet der Gesetzlosigkeit. Der Pirat ist ja übrigens der Gesetzlose schlechthin – so hat Carl Schmitt ihn einmal genannt –, der Feind der Menschheit. Man findet also dort ein von Eingeborenen und Piraten verunsichertes Gebiet auf der einen Seite, die Straße von Malakka, und auf der anderen Seite überaus wichtige Verkehrswege, wie die Straße von Sunda zwischen Sumatra und Java …

KLUGE: … wo die Inseln und Riffe beginnen. Der ganze Indische Ozean ist relativ inselfrei, es besteht kaum das Risiko aufzulaufen. Aber jetzt fängt die gefährliche Zone an, bevor man in den Pazifik kommt.

VOGL: Ja, eine in mehrfacher Hinsicht gefährliche Zone, nicht nur durch heimtückische Attacken und Piraterie. Wenn man in dieses Gebiet eintaucht oder eindringt, dann erscheint vielmehr eine verstörende Ununterscheidbarkeit: Das offene Meer geht in ein Gebiet aus Land und Meer über, Archipele, kleine Inseln, Land und Wasser ineinander verfließend. Es ist also auch eine Gegend, in der sich Konturen verwischen, in der sich Gegensätze auflösen, in der eigentümliche Indifferenzen entstehen.

»WIE ARMEEN AUF DEM MARSCH …«

KLUGE: Und jetzt wird erzählt, wie sich die Pottwale, attackiert von den Menschen, von den Jägern, zu einer Armada zusammengeschlossen haben, wie zu einem Geleitzugsystem. Und infolge der unermüdlichen Geschäftigkeit, wie es dort heißt, mit der sie in den Ozeanen verfolgt werden, bilden sie jetzt sozusagen eine geschlossene Rotte, eine fast gefährliche Formation von Leibern parallel zum Schiff, das sich an die Verfolgung macht.

VOGL: Ja, das ist eine ganz sonderbare Szene, in der latent vorhandene Gewalt ausbricht. Und seltsam ist diese Szene, weil Kapitän Ahab mit seinem Schiff, der Pequod, eigentlich dem weißen Wal hinterherjagt.

KLUGE: In der Hoffnung, dass der weiße Wal in diesem Pulk mit dabei ist.

VOGL: Genau. Kapitän Ahab jagt also diesem Pulk von Walen hinterher, wird aber wiederum selbst von einem weiteren Schiff gejagt, nämlich von malaiischen Piraten; der Jäger ist selbst ein Gejagter … Man hat also eine mehrfache und wilde Jagdkonstellation: Menschen jagen Tiere jagen Menschen. Und ich fand es ganz bezeichnend, dass in dieser Meerenge, in die sich auch dieses Walrudel, diese Ansammlung von Leibern, verirrt hat, dass dort der Ausdruck der ›Panik‹ auftaucht, es bricht Panik aus. Was bedeutet das, wenn ein Weltteil gewissermaßen mit dem Begriff der Panik, mit dem Begriff des panischen Schreckens und des damit einhergehenden Grauens verbunden ist? Wenn eine Weltgegend ganz unmittelbar durch Panikattacken charakterisiert ist?

KLUGE: Und über dieser Szene steht die Sonne, der das Selbstgenügsame zugeschrieben wird: »Seit Ewigkeiten stürmt die Sonne ihre flammende Bahn und braucht keine Nahrung außer der, die in ihr selbst geschlossen liegt«. Und das ist völlig anders bei den Walen, das ist anders bei den Piraten, das ist anders bei Kapitän Ahabs Schiff.

VOGL: Nicht ganz. Denn was an dieser Sonne, die kein liebliches Gestirn ist, sondern unbarmherzig und unerbittlich, wichtig ist, auch in dieser Szene, ist, dass sie einen Vergleich herstellt mit dem unsterblichen, dem unbeherrschbaren Trieb von Ahab. Ahab folgt seiner Bahn ja mit einer Radikalität, mit einer Dringlichkeit, mit einer Triebhaftigkeit, wie die Sonne ihrer Bahn folgt. Man könnte sagen, dass es ein königliches Gestirn gibt, die Sonne, und einen irdischen Souverän auf diesem Ozean, und das ist Kapitän Ahab mit seiner ›Manie‹, wie es im Roman heißt, der manischen Verfolgung des weißen Wals.

Es gibt also ein Gestirn, das durch das Universum stürmt, und ein anderes Gestirn, das die Ozeane durchpflügt.

KLUGE: Und seine weniger motivierte Mannschaft setzt jetzt drei Boote aus, die sich den Pottwalen nähern. Ein Wal wird harpuniert und zieht so das Boot mitsamt der Besatzung tief in den Pulk hinein, quasi wie in einen Mahlstrom oder einen Sumpf.

VOGL: Es ist das Bild des Mahlstroms, das ja beispielsweise auch in einer Kurzgeschichte von Edgar Allen Poe auftaucht. Hier sind es die Wale, die plötzlich in eine Kreisbewegung geraten; man hat das Gefühl, es öffnet sich ein Schlund, das Meer wird gewissermaßen zum Abgrund. Da spielen sich Dramen unterschiedlicher Art ab, zum Beispiel das Drama zwischen der Masse und dem Vereinzelten, der von der Masse verschlungen werden kann. Oder das Drama des festen Bodens und des Bodenverlusts, des Grundverlusts. Und immer wieder gibt es am Beispiel der Pequod das Moment des Ausgesetztseins, der radikalen Verlassenheit, in der letztlich jede Bindung, jedes Band, im Grunde auch jede Erdverbundenheit gelöscht ist.

KLUGE: Und in diesem Getümmel, in diesem Sturm – hinten die Piraten, die Kapitän Ahabs Schiff jagen, das wiederum die Pottwale jagt –, entsteht plötzlich eine Verwirrung in der Herde der Pottwale, ein Zaudern, eine stumpfe Unschlüssigkeit. Der Wal ist verschreckt, er scheut. Und jetzt kreisen sie.

VOGL: Sie kreisen und sind gleichzeitig wie gelähmt.

KLUGE: Die Jagdmannschaft kann damit nicht umgehen.

VOGL: Es passiert etwas Verstörendes. Denn diese Wale werden anthropomorph, wie Menschen geschildert, und umgekehrt werden die Menschen den Tieren immer ähnlicher. Dadurch gibt es hier eigentümliche Merkmalsverwirrungen. In diesem klaren Wasser werden beispielsweise fürsorgliche Walmütter mit ihren Walkindern beschrieben, es wird das Liebesspiel der Wale beschrieben, da steht geschrieben, dass sich die Wale nach Menschenart verhalten. Sie zaudern, und plötzlich geraten Sie in Panik, wie ein Publikum im Theater, in dem Feuer ausbricht. Die Merkmale und Qualitäten lösen sich von den Arten und Gattungen – Menschen oder Tieren – und beginnen selbst zu zirkulieren.

> *Wie alle anderen Arten des Leviathans, aber anders als die meisten anderen Fische, paart sich der Pottwal zu jeder Jahreszeit. Die Dauer der Trächtigkeit darf wahrscheinlich mit neun Monaten veranschlagt werden. Danach wirft das Weibchen ein einzelnes Junges, obschon einige wenige Fälle bekannt sind das es einem Esau* und *einem Jakob das Leben schenkte.* […] *Wenn die Wale vor gegenseitiger Wertschätzung überfließen, huldigen sie einander* more hominum.
>
> Herman Melville, *Moby-Dick oder Der Wal / Moby-Dick; or The Whale*, 1851

KLUGE: Es ist die Rede vom »Atlantik meines Daseins«, als eine Grundmetapher. Er kann stürmisch aufgerührt sein oder friedlich daliegen. Sie sprachen davon, dass *Moby-Dick* ein politischer Roman sei; ich finde das sehr oft bei Ihnen, etwa in Ihrer Analyse von Don DeLillos *Cosmopolis* in *Das Gespenst des Kapitals*, dass Sie die Literatur abklopfen und sozusagen ihre kassandrische Fähigkeit strapazieren, etwas zu deuten, vorauszusagen, zu warnen. Das heißt, dass Literatur und Poesie nicht einfach ein Luxus neben der Wirklichkeit sind, sondern die Deutungsform, der Kommentar des Wirklichen.

VOGL: Ja. Literatur oder literarische Texte sind in gewisser Weise eine Art Senkblei, das man in die Zeit, in die verschiedenen Schichten der Zeit hält. Jeder Text, jeder literarische Text ist eine Schichtung von Texten, von unterschiedlichen Bedeutungsablagerungen, in denen er, ob er will oder nicht, Bewegungen seiner Zeit für einen Augenblick gefrieren lässt und dadurch zur Besichtigung vorführt oder der Besichtigung preisgibt. Und das ist bei diesem Roman ähnlich. Man könnte sagen, was mit Moby-Dick und mit seinem Jäger, Kapitän Ahab, vorgeführt wird, ist eine Art Archäologie des 19. Jahrhunderts, ist vielleicht sogar eine Art Mythos des 19. Jahrhunderts.

KLUGE: Ein Jahrhundert, das den Ersten Weltkrieg vorbereitet, Auschwitz vorbereitet und die Fäden des 21. Jahrhunderts, die noch kommen werden, aufnimmt. Ist das so gemeint? Alchemistenküche?

VOGL: In einer gewissen Weise schon. Ich würde nur nicht sagen, dass eine Zeit die andere *vorbereitet*, sondern ich würde sagen, eine Zeit schafft, wenn man so will, Strömungen, Bewegungen, deren weiterer Verlauf eigentlich unvorhersehbar ist, die über Turbulenzen, über Zusammenbrüche, letztlich über Zufälligkeit im weitesten Sinne, eine völlig überraschende Wendung nehmen können. Also insofern glaube ich, dass keine Zeit Vorläufer einer anderen Zeit ist, das mag nur in der Rückschau so aussehen. Wir sind auch nicht die Vorgänger von künftigen, wie auch immer messianischen oder teuflischen Gestalten, sondern wir sind bestenfalls eine Art Humus, auf dem sich die Geschehnisse der Zukunft vorbereiten können. Und so ist, glaube ich, das 19. Jahrhundert auch eine äußerst humide Konstellation für das 20. Jahrhundert, ohne dass irgendjemand hätte ahnen können, welche Gewalt, welche Trostlosigkeiten, vielleicht aber auch welche, wie soll man sagen, kleinen, verhaltenen Glücksfälle daraus hätten entstehen können.

KLUGE: Was meinen Sie mit »humid«?

VOGL: Ich meine »humid« wirklich im Sinne von feucht, feuchtwarm, ein organisch kreatives Milieu gewissermaßen. Und nun ist es interessant, dass Melvilles Roman ja auch ein großer Wasserroman ist und damit auch immer wieder mit der Frage der Reproduktion, der Zeugung, der Fortzeugung, des Überlebens zu tun hat, aber auch damit, dass dieses Schiff, das da durch die Weltmeere fährt, etwas ist wie eine Arche Noah, eine Versammlung von Menschenexemplaren aus der ganzen Welt, Indianer, Schwarze, Amerikaner, Indonesier, Malaien, die da angeheuert haben, im Grunde auch wie ein Narrenschiff …

KLUGE: … das immer noch Wasser aus Nantucket, also schönes, klares Wasser, im Schiffsinneren hält … Es ist selbstgenügsam beschrieben, es muss in keinen Hafen einlaufen.

VOGL: Als Kapsel auf einer nautischen, vielleicht sogar astronautischen Fahrt – wie ein Raumschiff, das einzig und allein aus seinem eigenen Inneren lebt. Und damit hat es natürlich eine große Ähnlichkeit mit dem Wal, der gejagt wird.

KLUGE: Dieser weiße Wal ist ja ein Albino, ein seltenes Ereignis. Ist dieser Wal grausam? Würden Sie ihn einmal beschreiben?

WARUM GEHT ES UM EINEN *WEISSEN* WAL?

VOGL: Der Wal wird als eine Chiffre, als eine große Unbekannte eingeführt. Wesentlich für dieses Unbekannte des Wals ist tatsächlich sein Albino-Dasein und seine Weiße.

KLUGE: Seine Seltenheit, seine Unwahrscheinlichkeit?

VOGL: Nicht nur seine Seltenheit und Unwahrscheinlichkeit, sondern letztlich auch ein namenloses Grauen, das mit der Farbe Weiß verbunden ist. In einem wichtigen Kapitel, das sich nur um die Farbe Weiß dreht, wird das sehr, sehr vorsichtig abgewogen. Auf der einen Seite stellt der Erzähler fest, dass das Weiß eine Königsfarbe ist, dass das Weiß die Farbe der Engel ist, des apokalyptischen Reiters, dass das Weiß also alle möglichen herrschaftlichen, heiligen, himmlischen, symbolischen Attribute besitzt. Nun fragt er sich auf der anderen Seite, was aber das Grauen ist, das mit diesem Weiß verbunden ist. Und es gibt, glaube ich, zwei oder drei Aspekte von Weiß schlechthin, die das Grauen dieses Tiers und das Grauen dieser Farbe auszeichnen. Zunächst einmal, dass Weiß etwas ist, was eigentlich Merkmale subtrahiert. Ein vertrauter Gegenstand ist einer, der Merkmale akkumuliert, der hat Kanten, der hat Formen, der hat bestimmte Eigenschaften und Farben.

KLUGE: Grau, schwarz gezeichnet und dann ausgemalt.

VOGL: Genau. Und Weiß kann sich nun als Verlust aller Merkmale darstellen.

KLUGE: Das weiße Rauschen.

VOGL: Das weiße Rauschen, der Nebel.

KLUGE: Das weiße Laken über dem Toten.

VOGL: Die Totenfarbe schlechthin. Oder die Fahlheit blinder Augen. Leichenblässe. Statuen ohne Augen. Im Weiß bleicht etwas aus, die Weltdinge bleichen aus: die Dinge, die mit vertrauten Eigenschaften benannt, beschrieben, umschrieben und erfasst werden könnten. Das wäre also ein erster erschreckender Effekt des Weißen oder der weißen Dinge. Ein zweiter Aspekt, glaube ich, kommt dazu, was das Weiß in diesem Roman bedeutet und was auch mit dem weißen Wal zu tun hat, nämlich das Schwinden der Differenz von Grund und Form. Wenn wir wahrnehmen, nehmen wir immer ein Verhältnis von Grund und Form wahr, etwas, das sich vom Grund abhebt. Klare Formen und Konturen. Im Weiß dagegen schwinden die Konturen, verblassen die Formen, das Gestaltete, das Geformte, die Zeichnung werden durch den Grund oder durch den Ungrund, durch den Abgrund aufgesogen. Weiß ist eine abgründige Farbe.

KLUGE: Wenn ein Wesen gewaltig wäre wie ein Wal und gleichzeitig unsichtbar, aber zuschlagen könnte mit seiner Pranke, dann wäre das Unheimliche noch gesteigert.

VOGL: Es kommt aus Gegenden, aus Räumen, aus Reservaten, die man eigentlich immer mit der Vorsilbe »Un« verbinden könnte, also ein Unwesen aus dem Ungrund, aus einer Unwelt. Mit dem Weiß des Wals gehen bestimmte Dinge und Wesen ins Unbestimmte über. An einer Stelle heißt es, der weiße Wal habe die Eigenschaft eines gestaltlosen Dings schlechthin. Wie ein Loch in der Welt. Oder er erscheine wie eine Grenze der Welt. Dort, wo die Welt aufhört, wo die Welt gewissermaßen an den äußersten Rand ihrer Sichtbarkeit gerät, an diesem Horizont ist der weiße Wal lokalisiert.

KLUGE: Was ist der Grund, warum Kapitän Ahab ihn sucht? Denn die Geschichte, von der Melville ausgeht, ist ja eine ganz andere. Da hat ein realer Wal ein reales Schiff zum Sinken gebracht, es gibt Erscheinungen des Kannibalismus, ein paar Leute werden gerettet. Das ist die Urmeldung sozusagen, die Nachricht. Sie ist ja bei Melville eigentlich vollkommen aufgebraucht, überwölbt. Die ursprüngliche Geschichte ist nur noch eine kleine Fliege im Bernstein.

VOGL: Man könnte sagen, was hier geschieht, passiert auf verschiedenen Ebenen. Das eine hat den Charakter einer Nachrichtenmeldung aus der Boulevardpresse, ein Walfänger wird von einem Pottwal gerammt, gerät in Turbulenzen, geht unter, die Mannschaft rettet sich in Walfangbooten, ein paar Leute überleben unter grausigen Bedingungen. Das ist eine Zeitungsnotiz aus der Kategorie »Vermischtes«. Eine zweite Ebene dieses Romans besteht in der kreatürlichen Verwicklung des Kapitän Ahab mit seinem Widerpart, dem Wal; er ist von diesem Wal, den er jagt, selbst gejagt worden, er ist von ihm verletzt worden, er hat durch diesen Wal ein Bein verloren und, ganz eigentümlich: Er hat nun selbst Walmerkmale. Das Bein wurde durch ein künstliches Bein aus Walknochen ersetzt. Wal und Ahab sind eine Art Zwitterwesen.

KLUGE: Der Wal reagiert auf den Kapitän.

MENSCH UND TIER: METAMORPHOSEN

VOGL: Ihre Geschicke sind verbunden, irgendwann ist nicht mehr erkennbar, welches Wesen auf welches reagiert, sie bewegen sich in einem Spiegelverhältnis, in einem mimetischen Verhältnis zueinander.

KLUGE: Sturmeslust und Zuwendung, Hingabe mischen sich eigenartigerweise bei den beiden, wie bei Penthesilea, die den, den sie liebt, zerfleischt.

VOGL: Ja. Beide werden zu Transformationswesen, zu metamorphotischen Wesen, Ahab selbst ähnelt sich dem Wal an. Aber es gibt noch einen dritten Aspekt, der in der völligen Rätselhaftigkeit der Gründe besteht. Wollte man Kapitän Ahab psychologisch verstehen, wollte man ihn von seinen Motiven her verstehen, würde man immer nur an ein Loch an Motivation, an ein Loch an Gründen geraten. Dieser Abgrund an Motivationen, an Ursachen für ein bestimmtes Verhalten, wird von dem Roman immer wieder umstellt, es ist gewissermaßen der Ort, von dem alle möglichen Fabeln, Fabulationen, Erzählungen herkommen. Damit ist der Roman auch ein Roman des 19. Jahrhunderts: Man ist angezogen und verstört zugleich von Ereignissen oder Verhaltensweisen ohne erkennbaren Grund.

KLUGE: Also man hat die Gründe satt, man hat das ganze 18. und 17. Jahrhundert nach Gründen geforscht, von der Gravitation bis zur Psychologie alles Mögliche an Gründen gesehen, langweilt sich über die Gründe, denn sie sind's nicht, die die Welt bewegen ...

VOGL: Genau, attraktiv sind die Kausallöcher, die fehlenden Übergänge von einer Ursache zu einer Wirkung. An diesen Stellen klafft gewissermaßen das ganze Universum auf, man stößt auf ein Prinzip des unzureichenden Grunds.

EIN WAL EXPLODIERT IN DER STADT / ALLE 1000 JAHRE TRIFFT JAPAN DIE PRANKE DER NATUR

KLUGE: Nun gab es am 11. März 2011 die Nachricht, da ist ein Ereignis, das vor tausend Jahren schon einmal war, 869 nach Christus genau, da gab es genauso einen Tsunami, genauso ein Erdbeben, allerdings keine Kernkraftwerke, aber das ist genau vorhergesagt worden. Dieser Gongschlag kommt alle tausend Jahre. Nun kam er nach 1100 Jahren, also mit leichter Verspätung und hat die Pranke der Natur gezeigt, und zwar kommend aus dem Marianengraben oder dem Japangraben, aus dem auch ein anderes Ungeheuer kommt, das schon 88 Filme belebt hat und mit vielen anderen Monstern gekämpft hat – Godzilla. Wenn Sie jetzt Godzilla und seine Gegenspieler nehmen, als eine triviale Wiederholung von Ahab und dem weißen Wal, wie würden Sie das literarisch deuten? Würden Sie da irgendetwas sehen? Das ist ja auch die Pranke der Natur, ein relativ unerklärtes Geschöpf, wie ein Tannenbaum behangen mit dem Tand von Mythen, sozusagen Restmythen; kein einziger wirklicher Mythos dieser Art stimmt, aber dieses Ungeheuer zieht eine Schleppe von Mythen hinter sich her, und das fördert die Phantasie. Ich bin jetzt leider auf einer Trivialebene, also ich bin nicht auf der Höhe eines großen Romans des 19. Jahrhunderts, aber auf der Suche nach einem Roman des 21. Jahrhunderts, einem Stoff wenigstens.

VOGL: Die Frage wäre ja, was kann an Wesen dieser Art, wie Godzilla eines ist, faszinieren? Ich würde hier, im Unterschied zu einer Figur wie der des weißen Wals, sagen, dass es im Grunde zwei Arten des Ungeheuerlichen gibt. Es gibt eine Art des Ungeheuerlichen oder Monströsen – ich hatte das am Beispiel des weißen Wals angedeutet, eine Art, die sich dadurch auszeichnet, dass Merkmale verschwinden, dass sie ausbleichen, dass Form und Grund ineinander übergehen und dass der Schrecken dieses Ungeheuers in der Ununterscheidbarkeit, in dem Verblassen, im Verlust von Markierungen besteht.

Also man lässt gewissermaßen Determinationen oder Bestimmungen vergehen, und die Welt verliert ihre Koordinaten.

KLUGE: Nichts hat mich getötet, nichts hat mich überwältigt, ich heiße Niemand. Das ist ungefähr der Vorgang …

VOGL: … ja, die Anonymisierung, vor allem auch die Demarkierung eines bestimmten Wesens, sodass aus einem bestimmten Wesen eben dieses eigentümlich merkmalslose Unwesen wird. Es gibt aber noch eine ganz andere Form des Monströsen, und dafür steht Godzilla, der sich durch die Überdeterminierung bestimmter Merkmale auszeichnet. Wie etwa King Kong durch die Übertreibung, Vergrößerung und Überdimensionierung aller möglichen äffischen Merkmale produziert wird …

KLUGE: … so ist Godzilla vor allem ein Haufen, eine Akkumulation monströser Embleme: ein Drache, ein Meeresdrache, 50 bis 100 Meter groß, mit einer Art Kreissäge im Bauch, ein atomarer Mutant, eine Mischung aus Tyrannosaurus, Affe und Wal.

VOGL: Ja, wie ja auch sein Eigenname aus jap. ›gorira‹ für Gorilla und jap. ›kuijra‹ für Wal zusammengesetzt ist. Ein katastrophales Wesen, aus Atomkriegen, aus atomaren Katastrophen hervorgegangen und für das Anrichten von Katastrophen vorgesehen. Das ist ein Wesen, an dem jedes einzelne Detail eine Überdeterminierung des Monströsen vorführt. Also nicht ein Schwinden von Merkmalen, sondern eine Akkumulation von Merkmalen. Dieses Wesen – und das wäre wichtig für seine Erscheinungsform in der trivialen Phantasie –, diese monströse Gestalt und ihre Variationen, diese Vervielfältigung schrecklicher Eigenschaften: ein Atem wie ein Flammenwerfer, ein Maul mit Drachenzähnen, rote Unheilsaugen, mörderische Pranken oder Krallen, ein Koloss, eine riesenhafte

Gestalt, Reptilienschwanz, ein Bausatz des Furchterregenden und Ekelhaften, hergestellt durch hyperbolische Mischungen, nicht ein Weniger, sondern ein Mehr an Körperlichkeit, voller animalischer Protuberanzen – dieses überdeterminierte Wesen also ist zwar eines, das Schrecken einflößt, es ist aber letztlich auch immer ein Ungeheuer, das besiegt werden kann. Ungeheuer, die besiegt werden können, zeichnen sich dadurch aus, dass …

KLUGE: … meine Kraft wächst, indem ich es ansehe.

VOGL: Und dass seine Gegenständlichkeit nicht schwindet, sondern dass seine Gegenständlichkeit bestenfalls vielfältig wird, mannigfaltig wird, gewissermaßen eine Kreuzung von Kreuzungen darstellt. Wird es größer, werde ich auch größer. Dieses Ungeheuer fordert den Verstand heraus, die instrumentelle Vernunft, es zeigt sich als Versammlung von Bedrohlichkeiten, die allesamt bekämpft werden können. So sehr dieses Monster ein schier unvorstellbares Alter hat und aus der Urgeschichte hervorbricht, so sehr es sich – in den verschiedenen Filmen – als ökologische oder Menschheitskatastrophe präsentiert, so sehr lässt es sich doch als Bastelarbeit identifizieren: als ein Produkt von *special effects*, die aus den Filmstudios oder der Evolutionsgeschichte oder aus unserer Einbildungskraft herkommen. All das kann man beschreiben, erzählen, einkreisen, erkennen, sortieren, klassifizieren. Hier haben sich spektakuläre Gestaltungsideen verdichtet. Etwas ist aus der Art geschlagen.

KLUGE: Was wäre dann, herkommend von Godzilla, am Roman des 21. Jahrhunderts besonders, im Unterschied zu *Moby-Dick*?

VOGL: Mit Godzilla und seinen Varianten kommen die Epen alter Drachentöter unter modernsten Bedingungen zurück.

Darin liegt, glaube ich, ein wesentlicher Aspekt der Monsterbildungen und ihrer Erzählweisen seit dem 20. Jahrhundert. Was früher ein Ringen, ein Zweikampf zwischen außerordentlichen Exemplaren gewesen war, hat sich verwandelt. Nun treffen Katastrophen einerseits (also etwas, das die Erde schüttelt oder womit sich die Erde selbst schüttelt) mit dem zusammen, was man andererseits Unfallsbürokratien nennen könnte. Das ist ein Management, ein administratives Vorgehen, Versicherungstechnik, Restrisikoverwaltung, verbunden mit militärischen, polizeilichen, paramilitärischen Einsatztruppen, die ganz genau wissen, was zu tun ist, wenn etwas passiert. Dieser Kampf gegen die Gewalt des Katastrophischen zeugt von der Aufmarschbereitschaft, von der Mobilisierungskraft, vom Potential bürokratischer Einheiten. Hier zeigt sich, was unsere Gesellschaften und Kulturen aufbieten können. So wird ja auch Godzilla immer wieder erlegt, mit Kampfjets oder Wunderwaffen aller Art.

Man müsste also in der Gestaltung des Monströsen tatsächlich zwei Fluchtlinien erkennen. Auf der einen Seite eben den Weg der Indeterminierung, des Merkmalsschwunds, etwas, das nie besiegt werden kann, weil es uns aus der Position des Beobachtens, des Handelns, des Subjekts vertreibt und uns ans Unidentifizierbare bannt, das Grauen schlechthin. Und auf der anderen Seite ein Schreckenswesen und ein Monster, das uns mit seinen Gewaltsamkeiten und mit seinem Merkmalsregen überfällt und irritiert, aber auch alle Gegenkräfte und Adaptationsfähigkeiten herausfordert. Beide haben nichts miteinander zu tun. Der phantastische Merkmalsüberschuss ist immer auch etwas dürftig oder bezähmbar. Gilles Deleuze hat einmal gesagt: Es ist ein dürftiges Konzept zur Herstellung eines Monsters (sei es King Kong oder Godzilla), verschiedenartige Bestimmungen anzuhäufen oder das Tier überzudeterminieren. Besser lässt man den Ungrund aufsteigen und die Form schwinden.

KLUGE: Sie brauchen eine poetische Konzentration, um so einen Roman wie *Moby-Dick* zu lesen, und um dieses Verschwinden, die Furie des Verschwindens wahrzunehmen und dabei sozusagen wie Ahab unterzugehen, brauchen Sie einen mächtigen, selbstbewussten Mann oder eine mächtige, selbstbewusste Frau und ein Wesen, das ungreifbar ist.

»KHAN DER PLANKEN« / »KÖNIG DER SEE« / »GROSSER GEBIETER ÜBER DIE LEVIATHANE«

VOGL: Ja, man benötigt tatsächlich geballte Macht, man muss an einem Ort Macht akkumulieren. Und Kapitän Ahab ist nichts anderes als eine geballte Macht. Ahab ist der Name eines biblischen Königs, keine sehr erfreuliche, nämlich gottlose Figur im Alten Testament, er ist mit allen Aspekten des Königtums, vom Alten Testament über das Mittelalter, im Grunde bis hin zu Napoleon, mit den Insignien von Herrscherfiguren ausgestattet. Aber es kommt ein Aspekt hinzu, der glaube ich, wesentlich ist für das, was Ahab vorführt und was das 19. Jahrhundert auch in politischer Hinsicht umtreibt, nämlich der Aspekt des charismatischen Herrschers. Er ist Herrscher nicht durch Recht, nicht durch Genealogie, durch Erbschaft, nicht durch Einsetzung …

KLUGE: … sondern dadurch, dass ihm etwas glückt …

VOGL: … dadurch, dass ihm etwas glückt und dass er damit im Grunde dem Kriegshelden oder dem Schamanen oder dem Zauberer gleichgestellt wird. Er ist mit einer Eigenschaft oder Kraft ausgestattet, die gewissermaßen unerklärlich ist, die aber sein Volk oder in diesem Fall seine Schiffsmannschaft in den Bann schlägt. Der charismatische Herrscher ist einer, der bannt, der einen Bund von Verschworenen erzeugt. Und so taucht Ahab vor dem Hintergrund aller möglichen abendländischen Souveränitätsfiguren auf, als der Inbegriff eines charismatischen Anführers.

KLUGE: Dagegen gibt es nun eine konsensuell arbeitende Gruppe von Tokioter Feuerwehrleuten, die durchaus ihr Leben einsetzen, aber keinen Zweikampf veranstalten. Sie sind kundig. Es gelingt ihnen, Wasser auf die Brennstäbe zu schütten, aber es handelt kein einzelner Held. Der Pressesprecher im Amt des Ministerpräsidenten wiederum, Mr. Edano, der macht aktiv gar nichts, er hat einen blauen Arbeitsanzug an, er kommt nicht zum Schlafen. 142 Stunden, heißt es, ist er schon mit Bekanntmachungen, Interviews und Organisation befasst. Aber er hat keine ihm angedichteten besonderen Eigenschaften. Twitterer fordern ihn auf, sich schlafen zu legen. Sie sind in Sorge. Katastrophe trifft auf Management. Tragisch wird es, wenn das versagt. Und Erzählung entsteht da, wo sich etwas bewegt.

VOGL: So könnte man sagen, dass etwa eine Volksmenge rein statistisch sehr viel mehr Geschichten enthält als zwei oder drei Panzer, die um diese Volksmenge herum stehen. Ein Tank, ein Panzer ist ein äußerst rudimentäres Instrument, um Geschichten zu erzählen …

KLUGE: Ursprünglich ein bewaffneter Traktor, der aber eine Evolution mitgemacht hat. Diese schweren Tanks, in deren Ketten sich ein Kind (wie während eines Volksaufstands in Ägypten) wie auf einem Sofa bettet, sind dann eine interessante Endung, eigentlich fast eine poetische Idee der Tankevolution.

VOGL: Ja. Aber wenn man jetzt ganz einfach behaupten würde, es gibt in allen historischen Kontexten, in allen historischen Ereignisgefügen einen gewissen Einsatz von Machtmitteln, ohne die jene nicht beschreibbar wären…

KLUGE:… und jedes hat seine Geschichte…

VOGL:… dann müsste man sagen, Machtmittel selbst enthalten äußerst karge Geschichten und haben ein geringes erzählerisches Potenzial. Das Erzählerische kommt von anderer Stelle her, nämlich von dort, wo die Mittel ihre Mittelhaftigkeit, das heißt, ihren Einsatzort, ihren Zweck verloren haben, wo sie durch eine Zielablenkung, durch einen Missbrauch oder ähnliches sichtbar werden. Wie das auf den Panzerketten schlafende Kind, Missbrauch von Heeresgerät. Es gibt also vielleicht einen Kampf von Mikrogeschichten, die quantitativ viel stärker, auch viel variationsreicher sind als die in Machtmitteln enthaltenen Geschichten. Und zwar dadurch, dass erstens die Zweckbestimmung von Machtmitteln unterbrochen wird, aus welchem Grund auch immer, und dass zweitens die mikroskopisch kleinen, in einer Volksmenge, in einzelnen Biographien verteilten Geschichten…

KLUGE: Die tunesische Revolution begann damit, dass ein Mensch sich durch Bürokraten verletzt fühlt und sich verbrennt. Er ist der Michael Kohlhaas der tunesischen Revolution…

GESCHICHTEN SIND ABFÄLLE DER PROVIDENZ

VOGL: Ja. Zweitens werden also diese Geschichten, diese Wolke an Geschichte, freigesetzt und gegen die öde Narration von Machtinstrumenten, von Machtmitteln, von Waffen etc. eingesetzt. Also eigentlich entstehen Geschichten dort, wo die Vorsehung noch nicht gesprochen hat. Geschichten sind Vorsehungsabfälle, Abfälle dessen, was die Vorsehung geschrieben hätte, sei es die Vorsehung Gottes, sei es die Vorsehung des Markts, sei es die Vorsehung der amerikanischen Außenpolitik. Überall dort, wo Providenz zusammenbricht oder wo Providenz verrührt wird mit anderen Ereignissen, wo es Strudel, Ablenkungen, Turbulenzen gibt, dort, glaube ich, ist das Material für Geschichten enthalten.

KLUGE: Das Gegenteil des Restrisikos. Auf der einen Seite ist das Restrisiko hinter dem Horizont vergessen worden und schlägt nun mit seiner Pranke zu. Und auf der anderen Seite sind Hilfsmittel vorhanden, man weiß nur nicht, dass es Hilfsmittel sind. Und sie erweisen sich im Ernstfall als ein göttlicher Funke. Beides stünde einander gegenüber, aber nicht im Sinne des Zweikampfes, nicht wie Ahab und der Wal, sondern eigentlich gewissermaßen als das, was hinter dem Horizont wartet, an Glück und an tiefstem Unglück. Und das Hervortreten davon, die Epiphanie oder die plötzliche Erscheinung am Horizont, das wären eigentlich die Leuchtfeuerchen der neuen Erzählung. Kann man das sagen?

VOGL: Man müsste vielleicht noch einen wesentlichen Punkt hinzufügen. Und das sind Erzählungen, die uns, glaube ich, deswegen in einer besonderen Weise betreffen oder beunruhigen, weil bei ihnen eine für uns sehr geläufige Arbeitsteilung zwischen dem Erzählten und dem Erzähler – dass es einerseits Leute gibt, über die man spricht oder erzählt oder über die man Nachrichten verbreitet, und andererseits Instanzen, die aus einer gewissen historischen Sicherheit heraus solche Berichte verfertigen –, weil diese Unterscheidung nicht mehr funktioniert. Das heißt also, wenn es diesen Schauplatz gibt, der ein Brandherd ist, wie eine Kernschmelze ein Brandherd ist, dann gibt es Erzählungen, die tatsächlich aus diesen Gebieten herausgebracht werden, etwa Erzählungen von Feuerwehrleuten, die unter Einsatz ihres Lebens aus dieser Zone herauskommen. In dieser Hinsicht ist auch die Erzählung über Ahab eine, die aus dem Strudel des Untergangs hervorkommt, denn der Erzähler Ismael, auch er, wenn man so will, ein Gottloser – der auch in der Bibel ein Gottloser gewesen ist –, ist definitiv ein zufällig Überlebender, der sich nach dem Untergang des Schiffs, nach dem Tod Ahabs, an einen Sarg klammert und mit diesem Sarg gewissermaßen erst ins Leben, in die Möglichkeit des Erzählens zurückgespült wird. Und ich glaube, dieses Zurückspülen des Erzählten in die Position des Erzählers ist ein Drehpunkt, der die Transformation von Geschichten in Geschichte bestimmt.

DIE MENSCHMASCHINE: BESTIE MENSCH – ÜBER DIE ENTDECKUNG DER TRIEBE

In den großen Romanen, welche das Zeitalter der Industrie und die Entstehung der Maschinenwelt begleiten, wird der TRIEB IM MENSCHEN entdeckt / Unheimliche Mächte, blind und unbeherrschbar, treiben die Dramen voran

VOGL: Das 18. Jahrhundert ging sehr gelassen mit dem Begriff des Triebs um und hatte verschiedene Varianten hervorgebracht. Es gab den Bildungstrieb, der etwa für die Selbstorganisation von Lebewesen zuständig war. Es gibt bei Schiller den Formtrieb, der nach Gestalt, Beständigkeit, Geistigkeit strebt. Es gibt den Stofftrieb, der einen ans Materielle, an die Natur, ans Sinnliche bindet. Was man Trieb nannte, war durch eine Neigung, eine Tendenz, ein gewisses Streben ausgezeichnet. Er hatte aber noch nicht diesen paroxystischen, anfallsartigen, bösartigen Charakter wie im 19. Jahrhundert angenommen …

KLUGE: »… einem blinden Drang folgend …«

VOGL: Ja, mit den Merkmalen des Tierischen oder Bestialischen ausgestattet, verbunden mit zwanghaften Taten und Handlungen, für die man keinen Grund, keine Motive auffinden kann. Solche Fragen, solche eigentümlichen Verhaltensweisen, solche Zustände und solche befremdlichen Gefühle werden erst seit der ersten Hälfte des 19. Jahrhunderts mit dem Begriff des Triebs gefasst, der dadurch eine ganz neue Wendung erhält. Die Industrie, das Maschinenwesen des

19. Jahrhunderts bringt wohl etwas in die Welt, das durchaus den Charakter des Unheimlichen hat, nämlich Automatismen, mechanische Bewegungen, zwanghafte Dynamiken, die, wenn sie einmal in Gang gesetzt werden, nicht mehr abgestellt werden können, bis die Maschine kollabiert, bis der Apparat sich endlich erschöpft.

DIE MASCHINERIE DER INDUSTRIE UND DIE MASCHINE MENSCH

KLUGE: Die wildgewordene Menschmaschine …

VOGL: Dabei genügten kleine Kräfte, winzige Anlässe oder das, was man Auslöser nennt, um solche Prozesse anzustoßen, ein Versagen von Bremsen und Hemmungen: Wie lässt sich der Automat wieder abschalten, wie stoppt man eine dahindonnernde Lokomotive? Was passiert, wenn die Sicherheitsmechanismen, die Notbremsen nicht funktionieren? Wie verhindert man die Kollision, den Zusammenstoß? Diese Fragen beschäftigen die Technik, den Maschinenbau, man findet sie aber auch in der Medizin, in der Psychologie oder Psychiatrie – dort etwa, wo man das Nervensystem, den Reflexapparat, sensomotorische Abläufe diskutiert: auch hier Automatismen, maschinelle Reflexe und unbewusste Prozesse, die im Grunde von einem kopflosen, azephalen Wesen zeugen.

KLUGE: Wie im Bild eines soeben Enthaupteten dargestellt, wie Störtebeker, der gerade geköpft wurde und noch an seinen Kameraden entlangläuft.

VOGL: Dabei gibt es seit dem 19. Jahrhundert eine besondere Verkörperung, ein soziales Schaubild dieses kopflosen Wesens, geradezu emblematisch: Das wäre der Pöbel, die Masse, das wären die massenhaften Zusammenrottungen, amorphe, formlose soziale Wesen. Immer wieder will man darin triebhafte, impulsive, manische Gebilde erkennen, die kopflos agieren, ohne Vernunft, und darum besonders gefährlich werden. Die kopflose, blind getriebene Masse ist zu einem neuen gesellschaftlichen Bedrohungsereignis geworden. Und gerade Paris hat man dabei als prominenten Schauplatz identifiziert. Freud etwa, der Paris besucht hatte, schrieb von dort über ein Volk der »psychischen Epidemien« und »historischen Massenkonvulsionen«. Und vielleicht steckt hier noch der Schrecken der französischen Revolution dahinter, die Köpfung des Königs, die Enthauptung von Ludwig XVI., die sozusagen ein kopflos gewordenes Volk hinterlassen hat. In der kopflosen Masse und ihrer Gefährlichkeit wiederholt sich gewissermaßen der revolutionäre Aufruhr.

KLUGE: Der Mann ohne Kopf im Zirkus, eine der größten Attraktionen, geht darauf zurück. Der König ist nicht tot, heißt das.

VOGL: Oder umgekehrt: der Kopf des Königs beginnt immer von Neuem zu rollen. Ein politisches Trauma des 19. Jahrhunderts.

KLUGE: Aber in Shakespeares *Macbeth* gibt es schon das Haupt des Banquo, das von ihm getrennt ist und als Geist auftritt. Und Cäsars Kopf erscheint seinen Verschwörern. Es gibt also schon in der Antike und in der Renaissance Vorstufen, die sich aber nicht zu einer Triebtheorie vereinigen, und schon gar nicht ein Monstrum entstehen lassen.

VOGL: Ja, das Köpfen war für Könige und Kaiser kein ungewöhnliches Geschick, und gerade in England vervielfältigten

Bürgerkriege sowie die Konkurrenz zwischen den Dynastien, etwa zwischen Stuarts und Tudors, solche Gelegenheiten. Maria Stuart wurde geköpft, Karl I., wurde geköpft, und in einem barocken Trauerspiel, das davon handelt, in Andreas Gryphius' *Carolus Stuardus*, taucht ein ganzer Chor von geköpften englischen Königen auf. Allerdings konnten solche Königshäupter meist schnell ersetzt werden, anders als im revolutionären Frankreich, wo der abgeschlagene Königskopf tatsächlich eine politische Leerstelle schuf. Und dort sammeln sich die Geister der Rebellion.

KLUGE: Diese werden jetzt rückprojiziert auf die Kenntnis von Körper, Leib und Seele und den Willenskräften der Menschen? Welche Beispiele gibt es da in Erzählungen? Was fasziniert die Menschen daran?

VOGL: Beispiele dafür, dass die Willenskräfte versagen? Wo sich das Gefährliche des Triebgeschehens manifestiert? Aus den Akten der Psychiatrie stammt ein auf das Jahr 1826 datierter Fall, der bis ins 20. Jahrhundert immer wieder diskutiert wird: Ein Pariser Zimmermädchen namens Henriette Cornier spricht eines Nachmittags bei ihrer Nachbarin vor mit dem freundlichen Vorschlag, die kleine Tochter der Nachbarin für ein paar Minuten zu hüten. Die Nachbarin willigt ein, Henriette Cornier nimmt das Mädchen mit in ihr *chambre de bonne*, ergreift ein Messer und schneidet dem Kind den Kopf ab. Sie bleibt dann eine Viertelstunde vor der Leiche des Mädchens stehen, und als die Mutter das kleine Mädchen abholen will, sagt Henriette Cornier: »Ihr Kind ist tot.« Sie nimmt den Kopf des Mädchens, legt ihn in ihre Schürze und wirft ihn aus dem Fenster. Sie wird sofort und widerstandslos verhaftet, und als sie nach dem Grund ihrer Tat befragt wird, antwortet sie schlicht: »Das war so eine Idee.« Das ist einer dieser Fälle, in denen eine völlig grundlose, motivlose Tat geschieht, die eigentümlicherweise auch nicht mit einem Delirium verbunden ist und nun ganz elementare Fragen aufwirft: Was ist der Anlass für dieses Geschehens, wie kann jemand so etwas tun, gibt es dafür Vorzeichen, gibt es dafür irgendein Alarmsignal? Der besondere medizinische Skandal solcher Taten bestand ja darin, dass man es einerseits mit scheinbar rationalen Subjekten zu tun hatte, an denen kein Kennzeichen von Wahn sichtbar wird, und andererseits mit einer völlig verrückten Tat. Es handelt sich also um eine verstörende Unähnlichkeit zwischen einem Subjekt, das man nicht als irrsinnig deklarieren kann, und einer ganz und gar bizarren Aktion.

MENETEKEL / DIE ZEICHEN AN DER WAND

KLUGE: Was sind die Menetekel, hervorkommend aus den Annalen der Psychiatrie, einschließlich des Kleingedruckten?

VOGL: Diese Menetekel verweisen auf eine anthropologische Neuheit, auf eine Dunkelzone, aus der wohl der moderne Mensch hervorkriecht und von etwas Unwiderstehlichem getrieben wird. Edgar Allan Poe nannte das übrigens das Drama der Perversion, den Geist der Perversion oder den Alptraum der Perversion: von instinkthaften Antrieben, von einem unheilvollen Drang bewegt, an dem jede Willenskraft zerbricht.

KLUGE: Stichwort menschliche Bestie: Wo gibt es das?

VOGL: Man könnte an den großen Romanzyklus von Émile Zola denken, *Die Rougon-Macquart*, zwanzig Romane, die den Niedergang des zweiten französischen Kaiserreichs bis 1871 schildern und das Ganze in eine weit verzweigte Familiengeschichte einbetten. Diese Familie zeichnet sich wie das Kaiserreich durch Aufsteiger und skrupellose Figuren aus, durch bürgerliche, aber auch proletarische Seitenäste, in denen dieses Geschlecht gewissermaßen degeneriert, zu einem Stammbaum von Trinkern und verdorbenen Erbanlagen wird. Die Idee von Zola bestand darin, die Geschichte des Zweiten Kaiserreichs am Leitfaden eines immer fauliger werdenden Kollektivkörpers vorzuführen. Dafür steht auch einer der letzten Romane, *La bête humaine*, auf Deutsch *Die Bestie im Menschen*, von 1890, wo dieser Untergang geradezu allegorische Deutlichkeit erhält. Dabei ist die menschliche Bestie zunächst ein völlig gutmütiger Maschinist, ein Lokomotivführer namens Jacques Lantier, der seine Maschine, die La Lison heißt, über alles liebt. Er weiß, dass er eine undeutliche erbliche Belastung hat, dass er sich in Acht nehmen muss, dass er sich vor Frauen hüten muss, dass ihn eine unwiderstehliche Mordlust überfallen kann, dass er sich aber auch auf seine inneren Kräfte, auf seine Wachsamkeit verlassen kann. Allerdings gerät er in eine unheilvolle Beziehung zu einer Frau, und langsam beginnen alle Hemmungen und Widerstände zu schwinden. Dieser Prozess deutet sich zunächst in winzigen, fast unscheinbaren Anzeichen an, ein zitterndes Lid, eine zuckende Lippe, ein Flackern im Blick. Das steigert sich zu Schwindelanfällen, zu fiebrigen Anwandlungen, Zuständen von Trübsinn und plötzlichen Gleichgewichtsstörungen, in denen sein Ich-Bewusstsein schwindet.

KLUGE: Früher hätte man gesagt: Ein Dämon hat ihn ergriffen.

VOGL: Und im 19. Jahrhundert sagte man, dieser Dämon, diese Besessenheit ist eigentlich ein epileptischer Anfall, eine Konvulsion, ein Taumel, ein Schwindelgefühl, ein Zusammenbruch des Ichs. Es kommen die Attacken, der Verlust an Willenskraft und die Regungen des »tollwütigen Tiers«, wie es heißt, schließlich Mordlust und blinde Raserei, der unerklärbare Mord an der jungen Frau.

KLUGE: Währenddessen geht er seinem Beruf als Eisenbahner, als Lokomotivführer nach; die Lokomotive fährt zuverlässig, er beachtet Signale, er heizt sie an, er kann das Feuer löschen.

VOGL: Ja, zuverlässig, pflichtbewusst, akkurat. Aber dahinter, im gutmütigen Charakter versteckt und unterhalb der bewussten Person gibt es Regungen, in denen die Dynamik der Triebe dann auffällig wird. Zunächst regen sich unwillkürliche Reflexe, Automatismen im Nervensystem, nicht wirklich kontrollierbar.

KLUGE: Dafür gibt es keinen Lokomotivführer, das ist die menschliche Maschine, die ich beherrsche und die entgleisen kann – gerade dann, wenn ich die andere, die Dampfmaschine, meine Lokomotive, besonders gut auf dem Gleis halte.

VOGL: Ja, und es ist sicher kein Zufall, dass dieser Lokführer mit seiner Maschine regelrecht verschmolzen ist. Dann ein zweiter Aspekt: Im leiblichen Gefäß der Person macht sich ein Sekundärleib bemerkbar, ein geradezu phantastischer Meta-Körper, über den man mit Vätern und Vorvätern verbunden ist, mit Generationen von Trinkern, mit dem verdorbenen Blut, die Evolutionsstufen hinab bis zu den in den Wäldern lauernden Wölfen – eine langsam heraufziehende Wildnis.

KLUGE: Die Tiefsee tragen wir mit uns umher.

VOGL: Ja, alle mögliche Atavismen, dunkle Vorzeiten. Schließlich der dritte Aspekt: der nervöse Apparat, der vorgeschichtliche Körper schließt sich mit dem Ganzen der Gesellschaft kurz, mit einem sozialen Triebwesen, mit einem rasenden, automatenhaften Gesellschaftskörper. Am Ende des Romans rast Lantiers Lokomotive mit einem Zug patriotischer Soldaten durch die Nacht, führerlos, ohne Bremsen, ohne Halt, ohne Haltesignal – und das Zweite Kaiserreich in den Krieg mit Deutschland.

»Ich bin wirklich ein Wolf«, sagte er, »und dass meine Haut nicht der eines Wolfes gleicht, kommt nur daher, dass sie umgekehrt ist und die Haare nach Innen stehen.«

Wilhelm Griesinger, *Die Pathologie und die Therapie der psychischen Krankheiten für Ärzte und Studierende*, 4. Aufl., Braunschweig 1876, S. 81-82.

KLUGE: Vermuten Sie, dass die Erzählung unserer Zeit, wenn sie einmal gelesen sein wird, freundlicher über die inneren Seiten und die Beiträge der Menschen urteilen wird, weil die Menschen nicht mehr so wichtig sein werden? Könnte man sagen, dass die Menschen nicht mehr so viel Unheimlichkeit enthalten, so monströs sein können, weil die wirklichen Verhältnisse so viel mächtiger und monströser sind als sie?

VOGL: Ja, das 19. Jahrhundert war besessen davon, den Menschen in den Mittelpunkt zu stellen, es begann ein anthropologisches Zeitalter, ein humanwissenschaftliches Zeitalter. Die Frage, was der Mensch sei, hat dieses Jahrhundert heimgesucht. Der Mensch, das Gattungsexemplar, wurde zum Maß aller Verhältnisse, in der Gesellschaft, in der Ökonomie, in der Politik. Die Frage nach der Natur des Menschen wurde mit höchstem wissenschaftlichen Pathos umsorgt, aber auch von einigen Bedenken umstellt – es ging ja nicht zuletzt darum, den Menschen berechenbar, beherrschbar, vorhersehbar zu machen. Darum wurden seine Regungen und Kräfte, seine Dysfunktionen und Unzuverlässigkeiten hartnäckig untersucht, aufgespürt, verfolgt und skandalisiert – die ganzen Diskurse über dunkle Triebe und Triebhaftigkeit wären nur ein Beispiel dafür. Der Mensch als Bestie, als gefährliches Tier, das war nur die andere Seite des Humanismus.

KLUGE: Wie ließe sich das heute anders erzählen? Mit einer weiteren kopernikanischen Wende in der Erzählung? Vielleicht könnte der Mensch in der rhetorischen Form der bescheidenen Behauptung jetzt als Einzelheit sogar wieder Stellung nehmen und selbst Spiegel der wirklichen Verhältnissen sein.

VOGL: Ja, eine Dezentrierung, Versachlichung des Menschen, und zwar als Zwerg seiner eigenen Verhältnisse.

BERICHTE ZUR ZEIT

DAS KALTE HERZ UND DAS GELD – ORIENTIERUNG IM KÄLTESTROM

Die Menschen, gewohnt an ihre Körperwärme von 37 Grad, brauchen zum Überleben einen kühlen Kopf und eine temperierte Umwelt / Im Verhältnis dazu ist der KÄLTESTROM, der von der Gier der Märkte und der Gleichgültigkeit erschöpfter Menschen ausgeht, ohne Maß / Über die Basisbegriffe »heiß« und »kalt«

VOGL: Im Alten Testament, aber auch in der Medizin seit der griechischen Antike wurde das Herz als Sitz von Lebenswärme begriffen: als Lebensfeuer, als Lebensfunke, als Ort, an dem auch die Seele eine warme Strahlkraft entwickelt. Selbst das kälteste Herz, heißt es im 18. Jahrhundert, ist heißer als das Gehirn. Und die Medizin hat noch im 17. Jahrhundert das Herz weniger als eine Pumpe begriffen denn als eine Art Zentralsonne des Organsystems …

KLUGE: Als Sonnengestirn, das strahlt.

VOGL: Ja. Und es gibt nun eigentümliche Transformationen, Veränderungen dieses Organs. Man kann darüber nachdenken, warum beispielsweise gegen Ende des 18. Jahrhunderts und im 19. Jahrhundert Geschichten von kalten oder steinernen Herzen auftauchen, also von Herzen, die nicht bloß irgendeine Kaltherzigkeit als Charaktereigenschaft vorführen, sondern von einer regelrechten Transplantation zeugen: Das fühlende Organ wird durch einen Stein ersetzt.

KLUGE: Ein Riese bietet viel Geld für die Herzen seiner Klienten.

VOGL: Ja, das warme Lebensorgan wird getauscht gegen eine Waren- oder Geldseele, mit der man nun erfolgreich auf den globalen Märkten herumspazieren kann. Das wäre eine Differenz von warm und kalt, die zum Beispiel das Wirtschaftsmärchen von Wilhelm Hauff erzählt: *Das kalte Herz*. Spätestens im 19. Jahrhundert kommt aber eine zweite, grundlegende Unterscheidung hinzu, und zwar mit der Frage, in welchen Gebieten das menschliche Leben sich selbst noch zu ertragen vermag. So stellt man fest – es beginnt die Zeit der großen Bergbesteigungen, der Mont Blanc wird zum ersten Mal erklommen –, dass es Grenzen gibt, an denen das Leben aufhört, an denen die Biosphäre oder der Biotop des Menschen endet. Das menschliche Leben ist nicht für alle möglichen Umwelten qualifiziert. Nur außerordentliche Kreaturen, – wie das von Frankenstein erzeugte Monster – können sich beispielsweise in Eiswüsten aufhalten, also dort, wo das Menschenwesen nur seine eigene Gebrechlichkeit, seine Schwäche erfährt.

KLUGE: Frankensteins Monster kommt aus dem Eis?

VOGL: Es findet sich dort jedenfalls ganz unkompliziert zurecht. Dr. Frankenstein ist jener Arzt aus Ingolstadt, die Romanfigur von Mary Shelley, der aus Leichenteilen, Tierkadavern und verschiedenen organischen Resten einen neuen Körper zusammenzusetzt, der dann mit Elektrizität belebt wird und eine Art monströses Leben verpasst bekommt. Es sprengt nämlich die zarte Menschenform und bleibt auch in unerträglichen Kältebezirken vital. Frankenstein begegnet seinem Geschöpf zum ersten Mal in einer dramatischen Szene auf den Gletschern des Mont Blanc, und eine letzte Begegnung mit diesem Monster findet am Nordpol statt, wo es sich dann in die Eiswüste verabschiedet.

KLUGE: In Nebel und Dunst...

VOGL: ... in das Zwielicht, in das ewige Eis der Arktis.

KÜHLUNG ELEKTRONISCHER GEHIRNE / »KÜHLEN KOPF BEHALTEN«

KLUGE: Man muss ja elektronische Gehirne sehr stark kühlen, Hitze kann auch den Kopf dumm machen, also die Synapsen funktionieren in den Tropen nicht genauso wie in der Kühle des Nordens. Stimmt das?

VOGL: Mag sein, ja.

KLUGE: Das Anforderungsprofil an den Kopf ist nicht nur, dass er nüchtern denken und zählen soll, dass er im Getümmel die Übersicht behalten soll – und dafür muss er kühl sein –, sondern die Milliarden Bewegungen in ihm bilden ein energetisches Netz. Erwärmt sich dieses Netz, verliert es die Trennschärfe.

VOGL: Schon in der alten Temperamentenlehre steht das Kühle – verbunden mit dem Feuchten oder mit dem Trockenen – für eine gewisse Gleichmäßigkeit, für eine gewisse Konstanz. Das Warme oder Hitzige dagegen ist eher unstet, hitzige Zustände sind...

KLUGE: ... Spitzen.

VOGL: … Kurvenfahrten, sie sind instabil, wie verrückte Börsenkurse gewissermaßen.

»KALTE FÜSSE HABEN«

KLUGE: Gehen wir weiter: kalte Füße haben. Wie kommt man darauf? Das ist ja eine Metapher.

VOGL: Es ist wie bei vielen Metaphern: Man muss sie wörtlich nehmen, also körperlich in diesem Fall. Dann bedeuten kalte Füße ganz konkret, dass sie einen unbequemen Bodenkontakt haben, den sie schnell loswerden wollen.

KLUGE: Es ist gefährlich, wenn die Kälte von unten heraufkriecht, man muss sich bewegen..

VOGL: Es gibt eine berühmte Geschichte von Jack London mit dem schlichten Titel *Ein Feuer machen*: Ein Goldgräber am Yukon, in Alaska, kommt bei eisiger Kälte von einer Basisstation, er will zurück zu seinem Camp und geht gelassen durch die Winterlandschaft. Auf dem Weg bricht er versehentlich durchs Eis, holt sich nasse, kalte Füße, versucht Feuer zu machen, das immer wieder ausgeht, mit klammen Fingern verbraucht er alle Zündhölzer, er rafft sich noch einmal auf und erfriert. Eine Geschichte über kalte Füße, tödlichen Bodenkontakt und über das Nicht-Mehr-vom-Fleck-Kommen. Es gibt übrigens kaum einen Nordpol- oder Südpol-Fahrer, der nicht mit abgefrorenen Zehen zurückkam.

Fünfzig Grad Fahrenheit unter Null bedeuteten 80 Grad irgendwas an Frost. Das waren rund minus 45 Grad Celsius. Solch eine Sache beeindruckte ihn, weil es kalt und ungemütlich war, aber das war es auch schon. Es führte nicht dazu, dass er sich Gedanken über die Schwächen warmblütiger Wesen machte und über die menschliche Vergangenheit im Allgemeinen, nur überlebensfähig in einem schmalen Grenzbereich zwischen Hitze und Kälte, und von dort führte es ihn auch nicht zu Mutmaßungen über die Unsterblichkeit und die Rolle der Menschheit im Universum. 45 Grad Celsius unter Null standen für beißenden Frost, der schmerzlich ist und gegen den man sich mit Fäustlingen, Ohrenschützern, warmen Schuhen und sicken Socken schützen musste. 45 Grad unter Null bedeuteten für ihn genau 45 Grad unter Null. Dass dies noch mehr bedeuten könnte, war eine Vorstellung, die nicht in seinen Kopf drang.

Jack London, *Ein Feuer machen / To Build a Fire*, 1902

KLUGE: Sie haben da ein Inserat entdeckt, aus welchem Jahr?

VOGL: Aus dem Jahr 1914, Beginn 1914.

KLUGE: Es stammt also aus dem Jahr, in dem der Weltkrieg beginnt.

VOGL: Es ist von Januar oder Februar 1914, der Erste Weltkrieg war noch nicht ausgebrochen, aber die Politik rumorte bereits in diese Richtung.

KLUGE: In einer britischen Zeitung?

VOGL: In einer Londoner Zeitung. Dieses Inserat ging ungefähr folgendermaßen: »Kündige schwieriges Projekt an. Gefährliche Reise. Wenig zu essen, geringer Lohn, überaus große Gefahren. Rückkehr völlig ungewiss. Gegebenenfalls Aussicht auf Ruhm oder Nachruhm.« Unterzeichnet war dieses Inserat von Ernest Shackleton, dem notorischen Südpolfahrer, der sich bereits um die Jahrhundertwende zum Südpol aufmachte, dann wegen Unstetigkeit und schwacher Gesundheit wieder zurückgeschickt wurde, es noch einmal versuchte und dann eine große Expedition organisierte mit einem Schiff, das ausgerechnet »Endurance« hieß.

KLUGE: Ausdauer heißt das.

VOGL: Ausdauer, Durchhalten. Auf dieses Zeitungsinserat haben sich übrigens fünftausend Männer gemeldet. Er ist mit ausgewählten Männern losgefahren, bereits nach eineinhalb Jahren ist diese Südpol-Expedition aber kläglich gescheitert. Die »Endurance«, die Ausdauer, ist untergegangen.

KLUGE: Sie wurde vom Eis zerdrückt.

VOGL: Genau, regelrecht zerdrückt. Die Männer haben sich auf ein Beiboot gerettet und nach eineinhalb Jahren, also in der Mitte des Jahres 1915, den Ausgangspunkt wiedergefunden, eine trostlose Walfangstation. Shackleton ist es tatsächlich geglückt, seine Mannschaft vollständig zu retten, die fuhr zurück in den Ersten Weltkrieg nach Europa, drei Männer kamen zu Tode im Krieg, fünf wurden schwer verletzt, das war gewissermaßen das Ende dieser Expedition.

KLUGE: Also sie sind dem Eis entkommen …

VOGL: ... und in schlimmere Bedrängnis geraten.

KLUGE: In die Schlachten des industrialisierten Kriegs, Feuerstürme, unerträgliche Hitzigkeit.

VOGL: Ja. Aber auch da wurde eine neue Kälte produziert, besondere Apathien, die aus den Schlachten hervorgekommen sind. Neue Charaktere wurden hergestellt, Nachkriegsromane oder auch theoretische Schriften handeln davon. Das sind Operateure der Zerstörung, Techniker des Massenmords, Maschinenspezialisten wie der Typus des »Arbeiters« bei Ernst Jünger, der soldatische Typ, ungeeignet fürs zivile Leben.

KLUGE: Der kalte Blick ...

VOGL: ... der Gefahren standhält.

KLUGE: ... aus der Hitzigkeit des Krieges und der Artillerie geboren.

Beim Samowar

Beim Samowar sitz ich
mit meiner Sascha,
und draußen ist es längst schon
finstre Nacht /
Das Wasser kocht,
und so die Leidenschaft / (...)
Wir schlürfen süßen Tee
bis morgen früh / (...)

KLUGE: Wenn man jetzt ein Wort nimmt wie »kaltmachen« – das ist ja eigenartig, dass man das sagt für Mord. Es gibt eine Szene, in der Türken einen Ritter, den sie nicht töten können wegen seines Panzers, den sie mit Büchsenöffnern versuchen zu öffnen, es gelingt ihnen nicht, und sie rösten ihn dann. Sie »machen ihn kalt« durch exzessive Hitze. Wenn Sie diese Landschaft zur Kälte und zur Hitze hin vom Menschen, vom wohltemperierten Körper aus mal abmessen. Mehrere tausend Grad ist die Oberflächentemperatur der Sonne … unwohnlich.

VOGL: Was das Verhältnis zu Temperaturen, zu Wärme und Kälte, zum Wetter, zum Klima und zur Umwelt betrifft, ist ein Organ ganz wesentlich, das man erst sehr spät überhaupt als eigenes Organ entdeckt hat, nämlich die Haut des Menschen.

KLUGE: Das größte Organ des Menschen, auch das kritischste. Die Augen lassen sich täuschen, die Haut nicht.

VOGL: Sie reguliert den Austausch zwischen Innen und Außen, den Wärmehaushalt, den Feuchtigkeitshaushalt.

KLUGE: Das ist die Grundlage der Gefühle, zu heiß, zu kalt. Die Haut entscheidet.

VOGL: Sie ist für eine eigene Fühlbarkeit zuständig, für Eindrücke und Empfindungen, die die anderen Sinne nicht kennen. Luftdruck, Luftfeuchtigkeit, Temperaturschwankungen, Wetterfühligkeit – im Grunde ist die Haut ein Umweltorgan, mit ihr beginnen die ökologischen Fragen.

KLUGE: Seine Haut verteidigen, seine Haut retten. Es gibt ›hautnah‹ … ›Hautfern‹ kann man nicht sagen.

VOGL: Ja. Die Haut ist ein Nahorgan, anders als Ohren und Augen. Sie registriert glückliche, angenehme oder unbequeme Nähen. Sie ist ein Existenzanker. ›Seine Haut retten‹ oder ›aus der Haut fahren‹.

KLUGE: Die Unterscheidung heiß / kalt wäre ähnlich wie ich liebe / ich hasse, aber dies ist nicht so gegenpolig wie heiß und kalt, denn Hass kann ebenso heiß sein wie Liebe.

VOGL: Den kalten Hass nicht zu vergessen. Genauso wie es heißes, hitziges Gelächter und kaltes Gelächter gibt.

KANN ES »KALTE LIEBE« GEBEN?

KLUGE: Gibt es kalte Liebe?

VOGL: Es gibt wohl erkaltete Liebe. Und es gibt womöglich auch kalte Gefühle. Gefühle sind nicht immer irgendwie warm, Gefühle können auch kalt, unterkühlt sein, wie Zementklumpen.

KLUGE: Gefühle sind eigentlich Unterscheidungsvermögen. Alles, was man unterscheiden kann, hängt mit einem Gefühl zusammen. Und Sentimentalität wäre ein Gegenstück, eine Mischform, etwas Lauwarmes?

VOGL: Walter Benjamin sagte einmal, wenn der Affekt flügellahm wird, nicht mehr weiter kann und sich dann vorzeitig niederlässt, das wäre Sentimentalität.

KLUGE: Finden Sie den Mond kalt?

VOGL: Der Mond ist zunächst tröstlich und treu. Er lässt die Erde nicht im Stich, begleitet uns durch Nächte. Er ist nicht kalt, wenn man ihn ansieht, er ist es erst geworden, als ein erster Astronaut mit dickem Thermoanzug seinen Fuß darauf gesetzt hat.

KLUGE: Wenn Gefühle das Unterscheidungsvermögen darstellen, wie sieht dann eine Hierarchie der Unterscheidungen aus, der Baum von Unterscheidungen, aus denen Gefühle bestehen? Bei Warmblütern ist heiß / kalt eine der wichtigsten Unterscheidungen, dann vielleicht noch Hunger / Nichthunger, beißen / nicht beißen oder fliehen…

VOGL: Im Grunde gibt es zwei Unterscheidungstypen, die die Empfindungen und die Evolution der Sinnesorgane betreffen. Den einen Typus nennt man epikritisch: z.B. Unterscheidungen unseres Tastvermögens, die Fähigkeit, winzige Erhebungen und Senkungen, das Körnige, Rauhe, Glatte oder Weiche von Oberflächen in feinen Abstufungen differenzieren zu können. Das andere, ältere Unterscheidungsvermögen wäre protopathisch, es ist das Unterscheidungsvermögen niederer Tiere und kennt nur Anziehung oder Flucht. Ein Beispiel: Man greift versehentlich auf eine heiße Herdplatte und zuckt dann nicht nur mit der Hand, sondern mit der Masse des gesamten Körper zurück – wie in den Fluchtbewegungen niederer Tiere, eine Art Massenreflex, keine Feinabstimmung.

KLUGE: In unseren Gefühlen, also in unserem physischen und psychischen Unterscheidungsvermögen, haben wir alle Zeiten in uns, von der Schwarmintelligenz bis zu einem Börsenverhalten…

VOGL: Wenn Sie so wollen, gibt es auf der einen Seite eine Art Entscheidungsbaum, in dem sich Grobunterscheidungen verästeln bis hin zur Fähigkeit zu Feinstdifferenzierungen. Auf der anderen Seite kann man diese Unterscheidungsvermögen auch unterschiedlichen historischen Zeiten, Evolutionszeiten zumessen. Wir haben das Unterscheidungsvermögen von Insekten in uns, das Unterscheidungsvermögen von Amphibien, von Warmblütern, selbst von Materie. Es gibt Bereiche innerhalb des Organismus, die sehr wenig Welt erfassen, und es gibt Bereiche, die sehr viel Welt erfassen können, wobei gerade das Vermögen zu Feinunterscheidungen zu Überforderungen in der Weltwahrnehmung führen kann.

POLITIK DER GEFÜHLE

KLUGE: Wenn Gefühle Unterscheidungsvermögen sind und ich treffe auf jemanden, der viel unterscheiden kann und dessen Unterscheidungen mir auch angenehm sind, dann werde ich lebendig. Das heißt, Gefühle regen sich gegenseitig an.

VOGL: Gefühle existieren im Verhältnisformat, das heißt, sie zirkulieren, sie gehen hin und her, und selbst die Regungen in einsamsten Zuständen sind eigentlich soziale Potenzen. Dabei kann man in eigentümliche Verwicklungen oder Blockaden geraten, etwa mit gemischten Gefühlen: Sie produzieren einen Entscheidungsnotstand, öffnen widersprüchliche Alternativen, lassen einen zögern.

KLUGE: Also heiß und kalt kann ich gut unterscheiden.

VOGL: Nur relativ: das Wärmere vom Kälteren.

KLUGE: Freund und Feind auch?

VOGL: Ist Definitionssache.

KLUGE: Wenn ich den Feind anlächeln muss, damit er mich nicht erschlägt, dann werde ich hinterlistig. Als Odysseus sage ich: Ich heiße Niemand. Innen bin ich anders als außen. Jetzt wird es kompliziert, jetzt kommen gemischte Gefühle.

VOGL: Hier greift das, was Diderot das »Paradox des Schauspielers« genannt hat: Gespielte Gefühle sind umso wirkungsvoller, erscheinen umso echter, je weniger man sie hat. Hier beginnt die Politik der Gefühle, die Sozialtaktik der Affekte.

KLUGE: Das wäre Sache der Politiker, sie müssen Gefühle *vorführen*.

VOGL: Ja, die öffentliche Dosierung von Wallungen gehört zu den vertrauensbildenden Maßnahmen im Geschäft der Politik.

KLUGE: Eine Politikerin, unter Umständen um vier Uhr früh in Brüssel sehr müde, muss vor der Fernsehkamera energisches Gefühl zeigen.

VOGL: Die Politikerin, der Politiker wäre dann ein emotionales Mannequin, bekommt Feuer in die Augen, wo er sich langweilt, verströmt Sympathie, wo ihm die Leute egal sind, inszeniert Anteilnahme bei größter Distanz.

KLUGE: Er muss Sieg verkünden, wo Niederlage war. Er muss »singen«.

VOGL: Ja, er orchestriert, am besten vollharmonisch. Das Atonale, Klangexperimente, das Kratzen mit dem Geigenbogen gehören weniger dazu. Da wird nicht applaudiert.

SACHLICHKEIT UND SYMPATHIE

KLUGE: Jetzt gibt es ein Gefühl, das man mit kühlem Kopf ausüben soll, das eher dem Register der Kälte gehorcht: die Sachlichkeit. Was ist Sachlichkeit? Sie ist anstrengend, aber sie ist auch eine Errungenschaft.

VOGL: Ja, Beobachtervermögen und kontrolliertes Weltverhalten. Mit einem Blick fürs Funktionale.

KLUGE: Der Gegenpol von Sachlichkeit wäre demnach Leidenschaftlichkeit?

VOGL: Nicht unbedingt. Es gibt ja eine Liebe zur Sache, Besessenheit, Passion, wie bei Sherlock Holmes, der bei der Spurensuche in höchste Erregung gerät, ein leidenschaftlicher Rationalist.

KLUGE: Nach britischer Philosophie wäre der Gegenpol zur Sachlichkeit die Sympathie oder Empathie, die Einfühlung. Die schärfste Form davon wäre das »ozeanische Gefühl«, ich zerfließe in der Welt.

VOGL: Ich glaube, Sympathie und ozeanisches Gefühl sind nicht unbedingt ein- und dasselbe. Das ozeanische Gefühl ist eine Art Entgrenzungszustand, die Grenze zwischen Ich und

Welt wird überflutet. Sympathie ist etwas anderes. Sie ist ein soziales Bewegungsgesetz, ein Motor zur Produktion gesellschaftlicher Harmonie.

KLUGE: Es gibt also eine Gravitation in der Welt zwischen Personen, zwischen Menschen und Themen, und wer ihr folgt, der folgt dem Weg der Empathie oder Sympathie.

VOGL: Genau. Und bedeutsam wird das in den Sozialtheorien des 18. Jahrhunderts, mit den Fragen nach der Logik des Gesellschaftsverkehrs, nach dem Zusammenhalt der sogenannten bürgerlichen Gesellschaft. Die Sympathie ist dort eine Art Naturkraft im Sozialen, das Vermögen, sich mit anderen zu verwechseln. Also eine erfreuliche Fähigkeit, aber auch eine riskante – so hat etwa Immanuel Kant Leuten mit empfindlichen Nerven abgeraten, in Tollhäuser zu gehen; man könnte dort von der Verrücktheit der anderen angesteckt werden.

KLUGE: Ein Arzt sollte von Berufswegen vorsichtig sein sich anzustecken. Gegenüber Bakterien des Kranken kann er sich äußerlich schützen. Sollte er sich auch durch Vermeidung von Empathie innerlich gegen die Depression des Kranken schützen?

VOGL: Sympathie, Empathie wären der Gegenpol zur Immunität. Sympathie macht durchlässig, macht empfindlich, öffnet einen für die Zufälle des sozialen Lebens. Man geht nicht nur über die Schranken der eigenen Person hinaus, sondern gerät in eine Lage, in der man sozusagen fiktiv den Platz mit anderen tauscht, also etwa die Empfindungen von anderen so empfindet, als ob sie die eigenen wären.

KLUGE: Dann kommen die beiden Gefühlskonzentrate und Haltungen Sachlichkeit und Empathie in Menschen immer gleichzeitig und oft im Gleichgewicht vor?

VOGL: Ja, auf der einen Seite gibt es so etwas wie eine unwillkürliche, sympathetische Ansteckung, auf der anderen Seite steht eine Art sozialen Rollenspiels – *taking the role of the other.* So zumindest wurde es in Sympathielehren und in Theorien der bürgerlichen Gesellschaft formuliert, beispielsweise in Adam Smiths *Theorie der ethischen Gefühle*, *The Theory of Moral Sentiments* von 1759.

KLUGE: Er schreibt erst später über Ökonomie, *The Wealth of Nations*.

VOGL: Ja, *Der Wohlstand der Nationen* stammt von 1776. Beide Bücher sind aber Teil eines Kursus über Moralphilosophie und beschäftigen sich mit der Dynamik sozialer Verkehrsformen. Und die *Theorie der ethischen Gefühle* verknüpft diese zwei Extremzustände, das soziale Ansteckungsverhältnis und den unparteiischen Zuschauer, mit dem das Ganze zu einem sozialen Theater wird.

KLUGE: Ich sehe mich selbst, ich sehe, wie ich handele.

VOGL: Genau. Während ich von der Sympathie fortgerissen werde, ist ein Teil in mir, der unparteiische Zuschauer, zugleich ein Selbstbeobachter, der sich zur eigenen Rolle verhält und sich gewissermaßen zur Vernunft zurückrufen lässt.

KLUGE: Ich kann mich an den eigenen Haaren aus dem Sumpf herausziehen durch Sachlichkeit.

VOGL: Ja. Oder ich trete mir mit gerunzelter Stirn gegenüber und frage mich: Was treibt der da gerade?

Wir stellen uns selbst als die Zuschauer unseres eigenen Verhaltens vor und trachten nun, uns auszudenken, welche Wirkung es in diesem Lichte auf uns machen würde. Dies ist der einzige Spiegel, der es uns ermöglicht, die Schicklichkeit unseres eigenen Verhaltens einigermaßen mit den Augen anderer Leute zu untersuchen.

Adam Smith, *Theorie der ethischen Gefühle / The Theory of Moral Sentiments*, 1759

KLUGE: Wenn man nun die einfachste Währung nimmt, die auf der Unterscheidung heiß / kalt beruht, nämlich »Kalt ist der Tod«, dann betrifft das die Lebenszeit eines Menschen. Wie Marx sagt: Jeder Tag ist geborgt vom Tode …

VOGL: »Jeder Mensch stirbt täglich um 24 Stunden ab.«

KLUGE: 24 Stunden am Tag sind geborgt vom Tod, sie werden verausgabt. Das ist die eigentliche Ökonomie: Ich gebe mein Leben her für etwas. Dieselbe Währung würde dann auch im Krieg, im Kapitalismus, in der Liebe und den Kindern gegenüber gelten. Von dieser Ökonomie aus betrachtet: Würden Sie mir diese zwei Grundhaltungen beschreiben, die Fähigkeit des Menschen, sich als ein Kanal der Sympathie zu verhalten, des Außenkontaktes, der Teilnahme am Grundstrom; und die Fähigkeit außerhalb dieses Grundstroms zu stehen, an einem Punkt, von dem aus ich die Welt beurteilen kann?

VOGL: Das hängt wohl mit dem Drama von Trennungen, von Schnitten, von Ur-Teilungen zusammen ...

SYMBOLISCH / DIABOLISCH

KLUGE: Beispiel: Ich gebe meine Kinderzeit auf.

VOGL: Es gibt unwiderrufliche Schnitte, Abtrennungen, und eine Reihe sozialer Künste, sozialer Medien sind erfunden worden, um solche Trennungsdramen zu moderieren: zum Beispiel das Geld. Geld kann ein verbindendes Medium sein, es hat symbolischen Charakter im strengen Sinn, wenn *symbolon* etwas ist, das sich durch das Zusammenfügen zweier Hälften ergibt. Ich erinnere etwa an alte archaische Rechtspraktiken in Griechenland, wo, um einen Vertrag zu schließen, z.B. eine Tonscherbe entzwei gebrochen wurde und jeder Vertragspartner einen Teil der Scherbe erhielt; die Tatsache, dass die Scherben zusammenpassen, sich zusammenfügen lassen, *symballein*, ist gleichzeitig das Datum oder das Symbol dieser Vereinbarung. Geld hätte also in dieser Hinsicht einen symbolischen Charakter, würde zusammenfügen und verbinden. Nun hat Geld aber umgekehrt auch diabolischen Charakter, es trennt nämlich. Es macht Distanzen möglich, es schafft eine Entfernung zwischen den Leuten. Es kann ganze Gesellschaften dadurch organisieren, dass die Leute irgendwie miteinander zu tun haben, ohne sich nahe zu sein, ohne etwas voneinander zu wissen. Geld vermindert also soziale Reibung.

KLUGE: Ich will die Sache, die du verkaufst, besitzen, aber ich will mit dir nichts zu tun haben.

VOGL: Ich kann dich nicht riechen und komme trotzdem mit dir ins Geschäft. Deswegen stinkt Geld auch nicht, es macht den anderen gewissermaßen geruchsneutral, stiftet eine beziehungslose Beziehung. Man könnte also sagen, dass in Geld zwei Temperaturen zugleich stecken, zwei Seiten, das Verbindende, das Warme und Wärmende und die Distanz, die soziale Abkühlung, die Vermeidung von Reibungshitze.

»ALLES IST INBEGRIFFEN, WAS NICHT AUSDRÜCKLICH AUSGESCHLOSSEN IST«

KLUGE: Ich liebe dich, ich heirate dich: Da ist alles inbegriffen, was nicht ausdrücklich ausgeschlossen ist. Bei Geld ist es umgekehrt: Alles was nicht ausdrücklich vereinbart ist, ist ausgeschlossen.

VOGL: Deshalb ist Geld eine artistische soziale Erfindung. Es stiftet und negiert Beziehungen, es lässt Beziehungen wie Nicht-Beziehungen gleichermaßen zirkulieren, als dauerhaft umlaufender Sozialvertrag.

KLUGE: Wie kommt es jetzt zu diesem riesigen Irrtumswerk, das sich mit dem Geld verknüpft: dass das Geld plötzlich nicht mehr vertrauenswürdig ist, dass es dissoziiert statt zusammenzuführen, dass es Verträge unmöglich macht, statt sie möglich zu machen?

VOGL: Ich glaube, das liegt an der eigentümlichen Flüchtigkeit des modernen Geldes. Lange Zeit war Geld an bestimmte Gewichte, an Materien gebunden; lange galt beispielsweise das zirkulierende Silber als die sicherste Währung überhaupt – bis die Spanier im 17. Jahrhundert so viel Silber aus Südamerika importierten, dass es sich entwertete. Das große spanische Reich ist gewissermaßen an seinen Schätzen zugrunde gegangen. Parallel gewannen andere Formen des Geldvertrags Konjunktur, Schuldscheine, Wechselbriefe …

KLUGE: … Papier.

VOGL: Auch Papiergeld, Kreditgeld. Man hat dem Geld gewissermaßen schnellere Beine gemacht. Ende des 17. Jahrhunderts wurde die Bank von England gegründet, also der öffentliche Kredit, in ganz Europa wurde mit Papiergeld und Banknoten experimentiert. Der Umlauf von Geld bedeutete nun Umlauf von Schulden, Zirkulation von Zahlungsversprechen, die nicht mehr eingelöst werden mussten. Und diese neuen Geldformen wie Banknoten und Kreditgeld fordern das ökonomische Denken heraus, sie verlangen nämlich, wie Joseph Schumpeter einmal bemerkte, jene Differenz zu denken, dass man etwa auf dem Anspruch auf ein Pferd nicht reiten, mit dem bloßen Anspruch auf Geld aber Zahlungen machen kann. Man zahlt mit Zahlungsversprechen.

KLUGE: Und das ist jetzt der Irrtumsberg?

VOGL: Ja und nein. Denn einerseits kann man nun mit diesem Kredit- oder Bankgeld die Mächte der Zukunft aktivieren, man holt die Aussichten auf künftige Erträge in die Gegenwart herein. Man kann die Zeit kapitalisieren, akkumulieren.

KLUGE: … die Lebenszeit von realen Menschen, mit dem Anspruch, dass Menschen für mich arbeiten.

VOGL: Oder dass meine heute realisierten Profite …

KLUGE: ... in Zukunft abgearbeitet werden von zahllosen Menschen ...

VOGL: ... und aus der Zukunft in die Gegenwart geholt werden.

Von der Rettung eines Betriebs in Ost-Berlin

In ihrem Grundriss stammten die Anlagen an der Spree aus der Zeit, in der die Elektrizität ihren Siegeszug über die Kontinente antrat / Kabel und Kabeltrommeln wurden gebraucht /
Fast nie konnte so viel davon produziert werden, wie gefordert wurde / An die Periode der Anspannung aller Produktionskräfte im Krieg schloß sich im Osten Deutschlands eine zweite enorme Anspannung an / Viel Improvisation / Es waren nunmehr Fünf-Jahres-Pläne ausgeschrieben, nicht mehr Vier-Jahres-Pläne zu absolvieren / Von dem so lange Zeit begehrten Produkt wollte dann nach 1989 niemand mehr etwas wissen / Kein Anschluß für die Kabel und Kabeltrommeln an den West-Markt war möglich / Ein Abwickler, Willi Engelbrecht, früher Marx-Forscher, übernahm die Kontrolle über das defizitäre Unternehmen / Er ließ sich konsequent, in korrekter Analyse des heimtückischen West-Marktes, von den Gesetzen von Angebot und Nachfrage leiten; Studenten seines früheren Seminars an der Humboldt-Universität fertigten unter seiner Anleitung Zielgruppenstudien an / Inzwischen sind auf dem Gelände des früheren VEB-Kabelbau Hütten aus Blech errichtet, ähnlich den Nissenhütten aus

---

KLUGE: So kann eine sekundäre Sklaverei entstehen. Früher sind das reale Leute, die von Afrika in die Karibik transportiert werden, um dort Zuckerplantagen zu beharken. Jetzt ist es so, dass künftige Generationen beliehen sind und dafür arbeiten müssen, dass dieses Zahlungsversprechen erfüllt wird.

VOGL: Verpfändete Zeit und die Zukunftssüchtigkeit des Kapitals. Und dort kann man dem Irrtumsberg, dem Problemberg begegnen. Denn die Kredit- und Schuldenökonomie ist auf eine endlose Zukunft hin ausgerichtet, Kapital will ewiges

---

den Jahren nach 1945 / Hier wird eine schaumige Eiscreme in Dosen mit Waldmeistergeschmack hergestellt / In Büchsen ist die Ware stapelbar und leicht zu transportieren / Ein Teil der Belegschaft konnte für die Herstellung des offenbar leicht absetzbaren Produkts neu angelernt werden / Schade ist es, sagt Engelbrecht, um die Qualifikation der Kollegen / Von den neuen Produktionshütten passen je vier in eine der Großhallen; in diesen ist trotzdem noch viel Platz für die jetzt unnütze große Maschinerie, mit der man früher Kabel und Kabeltrommeln herstellen konnte /

Nach Marx stehen »Produktion, Distribution, Konsumtion in Wechselwirkung, die Produktion als das Übergreifende« / Das gilt noch immer, kommentiert Willi Engelbrecht sein erfolgreiches Abwicklungsprojekt: Es gilt für die Produktion von Gesellschaften und von Menschen / Offenbar aber nicht für die an einem West-Markt orientierte Güterproduktion / Er weigerte sich nach wie vor, die marmeladenartige Eismischung, von der nicht sicher war, ob sie die Gesundheit förderte, als Produkt zu bezeichnen / Dennoch empfand er vor dem Machwerk Achtung, da es geeignet war, das traditionsreiche Unternehmen vor dem Konkurs zu bewahren /

Leben. Dabei sind irdische Fristen endlich, Zahlungen und Termine werden fällig, und schließlich kommt es stets anders, als man denkt. Krisen, schrieb Hans Blumenberg einmal, sind Erfahrungen des Zeitenzerfalls.

KLUGE: Wir wählen, wenn die eine Zukunft versperrt ist, eine andere. Es können soziale Verwerfungen entstehen, die die Annahme der geplanten Zukunft verweigern, das haben wir schon in den Dreißigerjahren gehabt.

VOGL: Und dann müssen plötzlich Versprechen, die für die ferne Zukunft gemacht werden, in der Gegenwart eingelöst werden. Und das erzeugt eine Verwerfung von Zeithorizonten.

KLUGE: Und das ist etwas ganz anderes als die Grundannahme unserer Gefühle heiß und kalt. Darauf kann ein Warmblütler mit seinen natürlichen Sinnen nicht antworten...

VOGL: ... weil man hier in letzter Konsequenz mit der nicht-gegenwärtigen, immateriellen Existenz von Gegenständen kalkuliert. Jedes Ding ist konkret und gegenwärtig und zugleich virtuell und abstrakt. Diese ökonomische Zweiseitigkeit der Dinge macht sie zukunftssüchtig und zukunftsfähig; aber sie kann auch zu einem Drama der Entwirklichung führen, indem ein in der Zukunft nicht mehr realisierbarer Wert die konkrete Existenz eines Dings, einer Person, einer Sache ruiniert. Der spirituelle Körper kann verfallen und den konkreten Leib mit sich ziehen.

KLUGE: Menschen können in eine Parallelwelt gezogen werden, die dieses Riesenmonstrum Kapital neben ihnen produziert hat.

VOGL: Wir leben in diesen Parallelwelten. Das Bankkonto wäre so eine Parallelwelt: Ich zahle, also bin ich weniger, ich spare, also bin ich mehr. Auf dem Konto schreibt sich eine spirituelle Biographie, und Turbulenzen dort können die physische, körperliche Existenz recht unmittelbar attackieren.

KLUGE: Als ob mir die Haut abgezogen wird.

VOGL: Als ob einem die Haut abgezogen werden könnte, ja.

KLUGE: Wenn Sie einmal die sieben Todsünden nehmen und diese mittelalterliche Vorstellung der einzelnen Todsünden in eine moderne Vorstellung transponieren unter besonderer Berücksichtigung von heiß und kalt: Nehmen Sie einmal die Gier.

VOGL: Die Gier, wahrscheinlich ein hitziges Laster wie der Zorn, übersetzt wohl wie alle sogenannten Kardinalsünden bestimmte Charaktereigenschaften in Handlungsformen, die gegen die sozialen Verkehrsregeln des christlichen Menschen im Mittelalter verstoßen. Sie markieren schwarze Löcher in der Gemeinschaft der Christen, Abgründe, wo sich das soziale Band auflöst.

KLUGE: Und zwar im Namen der Verachtung Gottes.

VOGL: Ja. Der Habgierige, der Geizige vertreibt sozusagen Gott, die Wirksamkeit Gottes aus dem sozialen Band, er korrumpiert es, es dreht sich alles nur um sein eigenes entfesseltes Ich.

KLUGE: Aber ein moderner Mensch unterliegt doch einer Zähmung, die das gar nicht erlaubt. Wollust beispielsweise ist anstrengend. Ein moderner Mensch müsste Schauspieler seiner selbst sein, um ein Stück mittelalterlicher Wollust hervorzubringen.

VOGL: Ja, das gilt wohl für die meisten Todsünden – ihre Ausübung ist nicht unbedingt bequem. Das hat man übrigens in der Neuzeit bemerkt und ihnen dann eine eigene Produktivkraft attestiert. Seit dem 17. Jahrhundert gelten nicht die maßvollen Neigungen, sondern gerade die heftigen und hitzigen Begierden als besonders erfinderisch, und alte Laster wie

Habgier, Neid, Verschwendungssucht oder Wollust erhalten eine neue, nämlich ökonomische Würde. Moralphilosophen und Sozialtheoretiker entdecken die Leidenschaften und Laster als soziale Triebfedern, die in ihrem Zusammenspiel wohltätig wirken – *private vices, publick benefits* – und in die Welt losgeschickt werden können.

KLUGE: Java erobern, China erobern, Gold graben ...

VOGL: Ja, man hat den neuzeitlichen Subjekten eine Art Entfesselungszwang auferlegt, Unruhe, Unternehmergeist ...

Mit Tugend bloß kommt man nicht weit;
Wer wünscht, daß eine goldne Zeit
Zurückkehrt, sollte nicht vergessen:
Man musste damals Eicheln essen.

Bernard Mandeville, *Die Bienenfabel oder Private Laster, öffentliche Vorteile / The Fable of The Bees: or, Private Vices, Publick Benefits*, 1714

KLUGE: Jetzt gibt es nach Thomas von Aquin die böseste der Untugenden, der Todsünden, das ist die *acedia*, das ist die träge mürrische Haltung, Missmut, wie würde man das übersetzen?

VOGL: Trägheit, Trägheit des Herzens. Eigentlich eine Unfähigkeit zum Werk, nicht einfach nur Faulheit ...

KLUGE: ... auch nicht Gleichgültigkeit, »Gleichgültigkeit zerstört alles«. Es ist eher wie nasse Kälte.

VOGL: Verdrossenheit und die Unfähigkeit, sich den Anstrengungen zu widmen, die der Heilsweg mit sich bringt, ein trotziger Gram gegen das Heilsgeschehen und die guten Absichten Gottes. Ein typisches Beispiel für die Trägheit kann man im frühchristlichen Mönchstum finden: Eigentlich zum Lesen und zu frommer Übung angehalten, gähnt der Mönch, versinkt in den Schlaf oder starrt die Wand an, blättert das Buch durch, zählt die Seiten, klappt es zu, legt es unter den Kopf, um wieder einzuschlafen. Er verweigert sich dem Sinn, bleibt an der Oberfläche, an den Materialien der Schrift hängen.

KLUGE: Was würde das heute beispielsweise an der Wall Street bedeuten, wo würde ich *acedia* finden?

VOGL: Da würden Sie wohl keine wirkliche *acedia* finden, weil ...

KLUGE: ... die mit dem Herzen dabei sind?

VOGL: Vielleicht mit dem Herzen, vor allem aber mit sehr viel geschäftiger Gläubigkeit, mit geistiger Hingabe.

KLUGE: Man ist dort spirituell bewegt?

VOGL: Ja, und auch irgendwie gefangen, in Kommunikationsnetzen, im Zeitdruck, im Dienst am Profit. Der Träge dagegen hat eine Vorliebe fürs Ausweichen und Vermeiden, für ihn ist die Zeit eine unerschöpfliche Quelle, er richtet sich im Aufschub ein, verliert sich in nichtigen Träumereien und verpasst schließlich den Akt, den richtigen Moment.

»EIN MÖNCH DES KAPITALS« / »JUNGGESELLENMASCHINE«

KLUGE: Was wäre ein Mönch des Kapitals?

VOGL: Ein Mönch des Kapitals wäre das, was man eine ökonomische Junggesellenmaschine nennen könnte. Er verzichtet auf Fortpflanzung, auf biologische Reproduktion und widmet sich stattdessen der Reproduktion seines Kapitals, dem Geld heckenden Geld. Es geht ihm um jene wunderbare Vermehrung des Kapitalwerts, von dem Marx sagte, dass er »lebendige Junge« wirft oder wenigstens »goldene Eier« legt.

KLUGE: Was wäre ein Kardinal oder Bischof des Kapitals?

VOGL: Das wären eher Verwaltungsexperten, sie kümmern sich weniger um das Handgemenge im alltäglichen Dienst, sondern sitzen in den Vorstandsetagen oder Aufsichtsräten der Banken herum. Von dort könnten sie auch Häretiker exkommunizieren …

KLUGE: Kann es einen Kaiser oder Papst des Kapitals geben?

VOGL: Nein, denn an der Spitze sitzt nicht irgend ein Regent, einer, der alles entscheidet und weiß. Nach herrschender Orthodoxie wäre das vielmehr der Markt selbst, er und seine Gesetze sind die Vertreter Gottes auf Erden.

KLUGE: Das System macht sich selbst, es hat keinen Vorsitzenden.

VOGL: Ja, alle Weisheit liegt im System.

KLUGE: Könnte man das Kapital ein Tier nennen? Ist es ein Monstrum – Behemoth oder Leviathan –, oder ist es ein Instrument, eine Maschine?

VOGL: Nichts von alldem, glaube ich. Das Kapital ist ja nur ein bestimmter Vermehrungszwang, den moderne Gesellschaften sich selbst auferlegt haben. Allerdings wurde es zuweilen mit einem Moloch verglichen, der von Menschenopfern lebt, oder mit einem Vampir, der sich von der Einsaugung lebendiger Arbeit ernährt.

»In Holland gibt's Gold,
Könnet's haben, wenn Ihr wollt
Um geringen Sold
Gold, Gold.«

Wilhelm Hauff, *Das kalte Herz*, 1827

KLUGE: Könnten Sie noch einmal ausbuchstabieren, wie im Märchen mit Kälte umgegangen wird? Worum genau geht es in Wilhelm Hauffs *Das kalte Herz*?

VOGL: Dieses Märchen hat zunächst einen konkreten Spielort, nämlich den Schwarzwald, und ein ganz bestimmtes Personal, nämlich Handwerker, Glasbläser, Holzfäller, Köhler. Hauff hat das Märchen geschrieben zu einer Zeit, die man als Wirtschaftskrise, zumindest als Krise des deutschen Handwerks beschreiben kann. Zu dieser Zeit wird Europa, insbesondere Deutschland, überschwemmt von englischen Industrieprodukten, von industrieller Massenware, eine ruinöse Konkurrenz für die Handwerksbetriebe. Und nicht von ungefähr ist die Hauptfigur namens Peter Munk unzufrieden mit seinem Beruf, der Kohlenbrennerei – im Zeichen von Dampfmaschinen und Bergwerken wird das Köhlerhandwerk schnell obsolet.

Dieser Peter Munk ist schlau und unruhig, verlangt nach mehr, nach Reichtum und Anerkennung, und begegnet über einige Umwege einem eigentümlichen Dämon, dem Holländer-Michel. Das ist eine riesenhafte, sagenhafte Gestalt, eigentlich ein Flößer, der Baumholz aus dem Schwarzwald nach den Niederlanden verschifft und verkauft. Und was bedeuten die Niederlande mitten im Schwarzwald? Nichts anderes als die Erinnerung an ein Land immenser Reichtümer, ostindische Kompanie, Reichtümer aus Batavia, Indonesien, Java; und Holland erinnert natürlich an die ersten großen frühkapitalistischen Erfindungen und Unternehmungen, Börsen, Banken, Aktiengesellschaften, Fernhandel, Kolonien …

KLUGE: … Tulpen …

VOGL: … Spekulationen, Finanzgeschäfte.

KLUGE: Und das kontaminiert jetzt Handwerker im Schwarzwald. Im Grunde hält der Kapitalismus etwas bereit, was sich über die Seelen, auch in den nichtkapitalistischen Ländern der Welt, ausbreitet. Er braucht keine Lehrbücher.

VOGL: Er hält eine Menge Versprechen bereit, verspricht Aufbruch, Ferne, Flucht aus der Enge, aus der Familie. Der Kapitalismus ist der große Entbinder.

KLUGE: Und jetzt kommen da alle Wünsche ins Spiel, die man haben kann: eine schöne Frau, eine einzigartige, nur für mich, so viel Geld in der Tasche wie der Reichste im Dorf, und das auch noch am Spieltisch. Auf befriedigte Wünsche folgen neue Wünsche, aber wirklich glücklich wird man damit nicht.

VOGL: Dabei sind es vor allem Wünsche, die auf Konkurrenz, auf Wettbewerb abzielen: Wer ist reicher, hat die schönere

Frau, genießt mehr Anerkennung, tanzt besser. Eine Wettbewerbsgesellschaft, die sich überdies nur im Wirtshaus trifft.

KLUGE: Wo nicht der Fleiß entscheidet …

VOGL: … und auch nicht die Arbeit …

KLUGE: … sondern die Wette und das Spiel. Und nachdem alles verspielt ist, kommt das Entscheidende: Herz gegen Geld, und das Steinherz wird eingesetzt.

VOGL: Das organische Herz steht nun in der Requisitenkammer des Holländer-Michel, dort sind wie Präparate in Glaszylindern auch die Herzen der anderen neuen Geschäftemacher aufgereiht. Und so sehr der arme Peter Munk nun durch die Welt fährt, heiratet, Händler wird und Geld gegen Zinsen verleiht, so sehr erfährt er bei alledem nur Gleichgültigkeit. Das scheint dann ein Geldeffekt zu sein: Das Geld ist der allgemeine Nivellierer, macht die Dinge unterschiedslos im Geldwert und lässt von ihnen nur diese Gleichgültigkeit bestehen. Und als die alte Schwarzwälder Idylle dann fast zugrunde gegangen ist, wird mit Hilfe einiger List das Geld- oder Steinherz wieder ausgewechselt, das warme Herz fängt in Peter Munks Brust zu pochen an, Handwerk, Haus, Hof und Ehefrau werden wieder geliebt, Nachwuchs kommt. So einfach wird dann in deutschen Märchen der Kapitalismus abgeschafft.

Das arme Mädchen

Es war einmal ein armes, kleines Mädchen, dem war Vater und Mutter gestorben, es hatte kein Haus mehr in dem es wohnen, und kein Bett mehr, in dem es schlafen konnte, und nichts mehr auf der Welt, als die Kleider, die es auf dem Leib trug, und ein Stückchen Brod in der Hand, das ihm ein Mitleidiger geschenkt hatte; es war aber gar fromm und gut. Da ging es hinaus, und unterwegs begegnete ihm ein armer Mann, der bat es so sehr um etwas zu essen, da gab es ihm das Stück Brod; dann ging es weiter, da kam ein Kind, und sagte: »es friert mich so an meinem Kopf, schenk mir doch etwas, das ich darum binde,« da thät es seine Mütze ab und gab sie dem Kind. Und als es noch ein bischen gegangen war, da kam wieder ein Kind, und hatte kein Leibchen an, da gab es ihm seins; und noch weiter, da bat eins um ein Röcklein, das gab es auch von sich hin, endlich kam es in den Wald, und es war schon dunkel geworden, da kam noch eins und bat um ein Hemdlein, und das fromme Mädchen dachte: es ist dunkele Nacht, da kannst du wohl dein Hemd weggeben, und gab es hin. Da fielen auf einmal die Sterne vom Himmel und waren lauter harte, blanke Thaler, und ob es gleich sein Hemdlein weggegeben, hatte es doch eins an, aber vom allerfeinsten Linnen, da sammelte es sich die Thaler hinein und ward reich für sein Lebtag.

Das Märchen existiert in verschiedenen Versionen und unterschiedlichen Titeln, von *Das arme Mädchen* (1812) bis *Die Sternthaler* (1857), und wurde in die zweite Auflage der *Kinder- und Hausmärchen* (1819) der Gebrüder Grimm aufgenommen. Das Mädchen, dass alle Bedürftigen beschenkt, trägt drei Kleiderschichten, ein Hemd am Körper, dann ein Leibchen und darüber einen Rock. Sozialhistoriker haben gemutmaßt, dass diese Konfektion keineswegs alt ist, sondern erst seit Mitte des 18. Jahrhunderts üblich war. Das betrifft auch den Hinweis, dass das Mädchen eine Waise ist. Erst seit dem 18. Jahrhundert, als man Familienpolitik betrieb und auch Waisenhäuser einzurichten begann, wurde man auf elternlose Kinder besonders aufmerksam. Es liegt hier also kein alter oder zeitloser Stoff vor, sondern der Plot einer neueren sozialen Lage aus der Zeit der Gebrüder Grimm. Das muss nicht enttäuschen. Lässt sich doch neben dem Mädchen auch das nächtliche Firmament zur Gabe erweichen.

GELD MACHT DEN DINGEN BEINE

KLUGE: Ich möchte gerne mit dem Fremden Handel treiben, ich möchte Pfeffer haben, den er liefern kann, ich möchte aber nichts mit ihm selbst zu tun haben, möchte auch nicht die Ware, die er mir außerdem aufdrücken will, und ich will auch seine Freundschaft nicht haben. Das kann ich nur mit Geld parzellieren. Es wäre gewissermaßen der kommunikative Acker: Wie viel will ich vom anderen haben, wie viel vom anderen lasse ich auf meinem Acker zu, das kann ich mit Geld regeln.

VOGL: Also das sind mit Sicherheit zwei, vielleicht sogar drei ganz besondere Qualitäten, auch soziale Fruchtbarkeiten, die mit dem Geld in die Welt gekommen sind. Das wäre zunächst einmal das, was man Liquidität oder Verflüssigung nennen könnte. Man kann mit Geld, und zwar schon mit den älteren Rechenpfennigen …

KLUGE: … das, was zu groß ist, kleiner machen, was zu klein ist, größer machen.

VOGL: Ja, man kann Dinge aufteilen, parzellieren, gewissermaßen in Portionen, in Darreichungen umsetzen, die die Dinge selbst nicht haben. Die Dinge werden dadurch aber nicht nur teilbar, sie werden beweglich; alles, was schwerfällig ist, kann mit Geld transportabel gemacht werden.

KLUGE: Das ist eigentlich eine Erziehung der Dinge, sie werden gebildet, lernen sprechen.

VOGL: Ja, sie werden zum Sprechen gebracht, kommunikationsfähig gemacht, aber vor allem werden sie dazu gebracht, ihre physische Schwerfälligkeit zu überwinden. Die Dinge sind ja nun tatsächlich träge, die Dinge wollen sich nicht bewegen, sie sitzen am Boden fest, haben bestenfalls ein ganz stures Eigenleben.

KLUGE: Ein Fass Wein ist zu viel für mich, um es allein zu trinken. Wenn ich es aber abfüllen kann... Dazu brauche ich dann eigentlich immer eine Maßeinheit.

DIE STURHEIT DER DINGE

VOGL: Aber vor allem muss man feststellen, dass Geld gegen die Sturheit der Dinge kämpft und voraussetzt, dass Dinge eigensinnig und eigenwillig sind und erzogen werden können. Dafür ist Geld in zweierlei Hinsicht interessant: Erstens kränkt es die Dingen in ihrer Eitelkeit, sie sind dann nämlich nicht mehr besonders oder singulär. Zweitens macht dieses Geld den Dingen tatsächlich Beine und ist damit ein groß angelegtes Erziehungs- und Disziplinierungsprojekt für das Phlegma, den Trotz, die Schwerfälligkeit der Dinge.

KLUGE: Aber wenn die Dinge die Schule des Geldes abgeschlossen haben, sind sie eigentlich Erwachsene und können am Handelsverkehr teilnehmen, sie können um die Welt reisen. Das wäre die positive Seite des Geldes. Jetzt hat dieses Geld aber die tückische Eigenschaft, sich pausenlos zu verwandeln, also erstens Zins zu erbringen oder abgewertet zu werden, das ist durchaus der häufigere Fall. Es gibt seit viertausend Jahren nur Geldverschlechterung. Ist irgendwann einmal das Gegenteil der Fall gewesen, dass etwas an Wert gewonnen hat? Nur der Maria-Theresien-Taler.

VOGL: Vielleicht muss man zunächst noch eine andere Richtung einschlagen. Denn wir haben ja gesagt, dass dieses Geld eine große Fruchtbarkeit für die Erziehung der Dinge hat. Ich würde sagen, es hat auch eine große soziale Fruchtbarkeit – zum Beispiel Verkehr herzustellen, eine *communio*, eine Gemeinschaft herzustellen mit Leuten, mit denen ich eigentlich nichts zu tun haben will oder nichts zu tun haben kann. Das Geld hat die erfreuliche Eigenschaft, mich mit allem Möglichen, und zwar über den Erdball hinweg, mit Agenten, Akteuren, Geschäftspartnern zu vernetzen, ohne dass ich deren Charakter mögen muss, ohne dass ich deren Körpergeruch mögen muss ...

KLUGE: Geld ist ein Lehrmeister der Sachlichkeit.

VOGL: Aber Geld hat nicht nur eine große Sachlichkeit, sondern auch eine große phatische Bindungskraft: Ich liebe über Geld vermittelt Leute, die ich mit meinem Herzen nicht liebe. Es gibt also eine Geldliebe und es gibt eine Herzensliebe, und die sind völlig voneinander unterschieden. Geld hat ein hohes Maß an phatischer, leidenschaftlicher, passioneller Kraft, indem ich mich mit Leuten intensiv verbinde – mit Leuten, die ich nicht in meinem Leben sehen möchte, die ich nicht sehen muss, die ich nicht anfassen, die ich nicht umarmen muss. Diese Form von globaler Gemeinschaftlichkeit, ein vitales »Geschäfts-Wir« wird mit Geld hergestellt.

KLUGE: Und diese Fähigkeit des Geldes, sozusagen die Welt abzubilden in ihren Werten, ist Teil der Evolution der Gesellschaften, der Menschen, hat koexistiert mit der Bildung des Ichs. Ich habe große Schwierigkeiten zu sagen, wer ich bin, denn der Herrscher ernennt mich; meine Frau, die mich liebt, macht mich zum Ich; dass ich Kinder habe, bestätigt mir, dass ich da war. Aber es ist nicht ganz leicht zu sagen, was beweist, dass ich Ich bin. Denn ich bin doch manchmal völlig am Boden, und wenn ich alleine bin, bin ich gar nichts wert, und in Gesellschaft blühe ich auf, das *zoon politikon* ist ein geselliges Wesen. Und diese Eigenschaft lebt in Symbiose mit dem Geld, dass das, was ich erwerbe und in Geld ausdrücken kann, und das, was ich beweisen kann als die Kontinuität meiner Gefühle und meiner Handlungen, sich gegenseitig interpretiert.

VOGL: Es interpretiert sich gegenseitig und hat dadurch ein hohes Maß an Evidenz fruchtbarer Antworten. Dieser Verkehr über Geld, dieser Verkehr über den Handel, dieses Umlaufen der Dinge und Werte entlastet von der unbequemen Frage nach dem eigenen Ich. Das heißt also: Was von mir zirkulieren kann, ist bereits ein äußerst effizientes Ich und nimmt all die Fragen – die bösartigen, die zweifelnden Fragen, die gewissermaßen in die Tiefe oder in die Untiefe, in den Sumpf des Seelenlebens gehen – zurück oder anästhesiert sie. Man könnte sagen: So lange ich Geschäfte mache, bin ich, ohne dieses Ich in irgendeiner Form in Frage stellen zu müssen. Geschäfte und Geldverkehr sind eine erfreuliche Lösung für abendländische, wenn man so will fast schon theologische Probleme der Ich-Bildung.

Wenn ich sechs Hengste zahlen kann,
Sind ihre Kräfte nicht die meine?
Ich renne zu und bin ein rechter Mann,
Als hätt' ich vierundzwanzig Beine.

Johann Wolfgang von Goethe, *Faust. Der Tragödie Erster Teil*, 1808

ES SIND GEISTER IN DEN MASCHINEN

I. REVOLUTION

Im Zusammenhang mit der »Vierten Industriellen Revolution« wird davon gesprochen, dass die menschliche Arbeitskraft durch Maschinen, durch Technologie abgelöst wird. Sehen Sie das so?

VOGL: Die menschliche Arbeitskraft hat einen großen Vorzug und einen großen Nachteil, nämlich, dass sie einerseits an den menschlichen Körper gebunden ist, an den Organismus und die Verdauung, an die Physiologie. Andererseits soll sie sich als Ware verkaufen lassen. Aber diese Ware ist nicht wirklich verschiebbar, sie bleibt gebunden, sie lässt sich nicht aus dem Körper extrahieren. Sie lässt sich allenfalls transformieren in Maschinen, in Produkte. Diese Produkte, die Maschinen, selbst digitale Maschinen sind Körperreste. Sie sind also geronnene Gallerte von menschlicher Arbeitskraft. Deswegen kann man guten Gewissens sagen, selbst wenn die Maschinen die Macht übernehmen oder selbst wenn in der Industrie 4.0 Maschinen neue Kompetenzbereiche gewinnen, wirkt in ihnen immer noch dieser Rest an Physiologie, an verbrauchter menschlicher Arbeit und körperlicher Energie mit. Diese Arbeit kann man aus den Maschinen nicht heraustreiben.

KLUGE: Also es sind Geister in den Maschinen. Die Arbeit, die sie zustande brachte, war menschlich. Ich glaube, dass sehr viel Widersetzlichkeit ist in der Technik. Es steckt eine Tücke des Objektes da drin. Das heißt, die Maschinen sind auch Lebewesen, sagt der französische Philosoph Serres. Wir sollten zu den Dingen, auch zu den Tieren, zu allen Teilnehmern der Evolution, balancierte Verhältnisse haben. Es gibt etwas Zweites: die menschliche Arbeit oder der Mensch war nie nur Arbeiter, und die Arbeit war nie nur Ware. Arbeit ohne Spiel macht dumm, sagt Marx. Es gehört so vieles dazu, eine Arbeitsleistung abzuliefern, etwa Familien, die Arbeitskraft überhaupt erst zeugen und Kinder aufziehen. Ein Kokon unbezahlter Arbeit hat immer die Arbeitskraft umgeben. Außerdem gibt es sehr viele Reserven an menschlicher Tätigkeit, denn Arbeit, die in der Industrie überflüssig wäre, wird neue Felder entdecken, und das wird nicht nur Spielen sein. Die andere Seite ist, dass die Industrie mit Produktion, Konsumption und Zirkulation ein ganzes System braucht, in dem Menschen zentral sind. Roboter können nicht die Autos fahren, die sie selber erzeugen. Roboter können keine Konsumenten in einem Kreislauf der Dinge werden, nicht selber konsumieren, produzieren, ernähren und zirkulieren. Das sind Utopien, die man schon kennt aus dem brillanten Film *Metropolis* von Fritz Lang, der uns bereits in den 1930er Jahren vorführt, wie eine Zukunftswelt gehen könnte, mit Aufständen der Arbeiter von unten, mit gigantischen Manipulationen durch eine terroristische Führung ganz oben in den Hochhaustürmen. Davon ist nichts eingetreten. Im Film *Modern Times* von Charlie Chaplin verschmilzt der Mensch mit der Maschine, auch das hat er in der realen Welt nicht getan. Jedes neue Baby wird erst einmal alle gesellschaftlichen Stufen ohne Industrie durchlaufen und erst dann die Industrie vielleicht ablehnen oder bejahen. Da können noch viele Überraschungen auf uns warten.

Mein Nam' ist Milchsack Nr IV
Ich saufe Schmieröl, du sauftst Bier
Ich fresse Kohlen, du frisst Brot
Du lebst noch nicht, ich bin noch tot
Ich mache täglich meine Tour
Ich war vor dir hier an der Ruhr
Bist du's nicht mehr, bin ich's noch lang
Ich kenne dich an deinem Gang.

Freilich, bald seh ich dich nimmer
Doch ich denke an dich immer
Denn du hast ja ein Gefühl für mich
Wir gehören schon zusammen
Als Genossen, denn wir stammen
Aus dem Proletariat
Du und ich

Bertolt Brecht, *Song des Krans Milchsack IV*, 1927

VOGL: Die Maschinen, auch in dem Zustand der fortgeschrittenen Emanzipation – es gibt auch einen Emanzipationsweg der Maschinen –, haben einen großen Makel; sie sind keine Steuerzahler. In der Geschichte der Arbeit hatten die Maschinen einen Anteil daran, dass Menschen glaubten, sich selbst von ihrer eigenen Arbeit emanzipieren zu können. Man konnte auf Maschinen hoffen, die den Leuten Arbeit, Erschöpfung, Verschleiß abnehmen. In Zukunft wird man hoffende Maschinen wiederfinden, Maschinen, die hoffen, dass sich Menschen finden, die sich als Konsumenten zur Verfügung stellen. Das heißt Leute, die den Maschinen das Glück, die Freude bieten, die von Maschinen produzierten Waren auch abzunehmen. Maschinen müssen auf Menschen hoffen.

Nun ist doch mit den neuen Technologien die Hoffnung verbunden, dass das Produzieren der Waren sehr viel leichter sein wird, dass in gewisser Weise eine Überflussgesellschaft, zumindest in den entwickelten Gesellschaften, möglich wird?

KLUGE: Das ist richtig. Dabei ist das alles relativ planlos erfolgt. Weder nationale Regierungen noch internationale Verbände, noch die industrielle Führung selbst beherrschen den gesamten Prozess. Es ist ein hochchaotisches Geschehen, bei dem wir nur hoffen können, dass die Menschheit mit all ihrer Erfahrung genug Anker hat, diese Instabilitäten auszuhalten, die permanent entstehen.

Es scheint, dass die gegenwärtige Entwicklung von Unternehmen aus dem kalifornischen Silicon Valley dominiert wird. So viele Plattformen und Geschäftsmodelle werden von dort betrieben, dass man von einem steuernden Zentrum sprechen könnte, das sich an der Westküste der Vereinigten Staaten befindet?

KLUGE: Ich glaube, dass einige Patente von denen aus Europa nicht einholbar sind. Die Plattformen und die Technologien von Silicon Valley lassen aber bewusst Produktion und Inhalte aus. Wenn man alles Schwere weglässt und nur das Leichte nimmt, was die Enkel der Blumenkinder von 1968 dort im Silicon Valley beherrschen, dann leben sie in einer verkehrten Welt. Wir Europäer müssen wieder Augenhöhe herzustellen. Wenn wir heute dorthin kommen, kommen wir als umgedrehte Marco Polos, als eine Art Eingeborene. So wie ein Afrikaner, der 1855 auf die Weltausstellung nach London kommt, bemerken wird, dass Exoten dort als Staffage erwünscht sind, aber nichts mit den dort ausgestellten Maschinen zu tun haben, die die Blüte der industriellen Revolution darstellen. So ähnlich stehen wir demütig vor den Wundern des Silicon Valley. Wir sollten aber alle unsere Kräfte zusammenfassen und eine Renaissance des 21. Jahrhunderts ins Auge fassen, denn auch die ursprüngliche Renaissance entstand seinerzeit aus der Not und nicht aus Üppigkeit oder Luxus. Wir müssen eine Antwort geben. Silicon Valley hat verschiedene Aspekte aufzuweisen; einerseits eine hochinteressante neue Öffentlichkeit mit Partizipationen, wie wir sie uns nie vorgestellt haben. Andererseits dringen die dortigen Unternehmen in die industrielle Fertigung vor, und da können wir nur durch Gegenproduktion antworten. Das heißt, eine Welt von Algorithmen braucht eine Gegenbewegung von Gegen-Algorithmen.

Eine deutsche Gegenbewegung ist doch Industrie 4.0, so wird sie zumindest in China, aber auch in den USA wahrgenommen. Als Internet der Industrie, als Internet der Dinge, wäre das doch genau der Versuch dessen, was Sie beschreiben?

VOGL: Man darf nicht vergessen, dass die Zukunft der Arbeit auch unter diesen neusten technologischen Bedingungen nicht ohne die Zukunft des Kapitals zu denken ist. Das Kapital hat den Zusammenhang zwischen Mensch und Maschine reguliert, Zwangsverhältnisse hergestellt. Dabei haben sich unterschiedliche Beziehungen zwischen Kapital und Arbeit ergeben, Symbiosen, Bündnisse, Konflikte, Zerwürfnisse, tödliche Feindschaften. Was neu sein könnte und mit dieser Silicon-Valley-Vision und der Industrie 4.0 verbunden ist, besteht darin, dass das Kapital vielleicht eine durchaus fruchtbare Strategie gefunden hat, sich von den Verpflichtungen, Verwicklungen und Bindungen gegenüber der Arbeit loszulösen. Das heißt, man kann die Sorge um die Arbeitskraft den Arbeitenden überlassen, man muss sie nicht mehr pflegen. Das ist eine Radikalprivatisierung des ehemaligen Lohnempfängers, der nun zu etwas wird, was man Arbeitskraftunternehmer oder unternehmerisches Selbst oder schlicht Tagelöhner nennen könnte. Arbeit ist ja etwas, das sich für das Kapital wie ein Acker anbietet, der bestellt werden muss. Hat man nun Strategien dafür, dass der Acker zwar weiterhin Profite abwirft, dass man sich aber von den Kosten seiner Bewirtschaftung abkoppeln kann, dann hat man einen großen Renditevorsprung, der mit der Hoffnung auf die Ökonomie 4.0 verbunden ist.

II. KAPITAL

Wenn es eine neue Organisation des Kapitals gibt, dann wird das, was mit Gig-Economy und Plattform-Economy beschrieben wird, auch als Neotaylorismus beschrieben. Dabei wird die Arbeit in noch kleinere Bestandteile zerlegt, und Algorithmen übernehmen die Aufgabe herkömmlicher Manager, indem sie die bestmögliche Person oder Maschine finden, die jeweils einen Teilschritt erledigen kann, dann aber auch die Ergebnisse dieser in kleinste Schritte zerlegten Arbeit wieder zusammenführt?

VOGL: Ja. Der Algorithmus wäre auch ein neuer Gesellschaftsvertrag. Dieser digitale Taylorismus hat eine überaus intrikate, intelligente Seite, die darin besteht – und das unterscheidet das alte Arbeitsinstrument beispielsweise der Hacke oder der Schaufel von den digitalen Arbeitsgeräten –, dass mit der Benutzung dieser Geräte der Arbeitsprozess selbst kontrolliert werden kann. Beispielsweise ist ein Handscanner, den ein schlecht bezahlter Arbeiter in den Lagerhallen von Amazon bedient, ein Werkzeug wie eine Schaufel, gleichzeitig zeichnet er alle Bewegungen auf, die der Lohnabhängige dort verrichtet, also Geschwindigkeiten, Effizienz, Pausen, Unterbrechungen, Faulheiten. Die Computer-Maus ist nicht nur ein Navigationsinstrument, sondern gleichzeitig ein wunderbares Trackingsystem. Sie registriert alle Aktivitäten und liefert damit die Bedingung zur Optimierung von Arbeitsprozessen, eine Art Kontrollsystem. Je mehr man die Leute im Zeichen der Industrie 4.0 in die Lage versetzt, frei von jedem Ort aus zu arbeiten, umso stärker sind sie kontrollierbar geworden.

KLUGE: Man kann jetzt aber auch mal kurz ein Loblied einblenden.

VOGL: Dafür sind Sie zuständig.

KLUGE: Ich habe als Filmemacher mithilfe meines Kameramannes Thomas Willke eine Reihe von Robotern beobachten können. Da gibt es jetzt schon »Frontschweine« der Industrie 4.0. Die sehen gebraucht aus, wie Proletarier bei der Arbeit. Sie sind behutsam und verfügen über eine Feinsteuerung. Da sehe ich, wie auf ein kleines Laufband mit Sorgfalt, Behutsamkeit, geradezu mit Zärtlichkeit, dieser Roboter einen produzierten Gegenstand legt, und der wird am anderen Ende des Laufbands von einer Arbeiterin aufgenommen und einsortiert. Da ist Kooperation und nicht Verhängnis. Es sieht aus wie »menschliche Arbeit«. Ich kann mich mit so einem Roboter befreunden.

Neue Technologie ergänzt also die menschliche Arbeitskraft und es entsteht eine Symbiose, die Schwächen menschlicher Art kompensiert und Stärken fördert. Sehen Sie eine neue Einheit von Mensch und Maschine?

KLUGE: Nehmen Sie zum Beispiel diese Katastrophe auf dem Weihnachtsmarkt in Berlin, als ein Terrorist einen Lastkraftwagen in die Menschenmenge steuerte. Da ist die Robotik die einzige Waffe gewesen, die den Täter noch einigermaßen bremste. Die Polizei tat es nicht, die Vernetzung der Sicherheitsbehörden war unzureichend, und jetzt fährt das Fahrzeug – schlimm genug, aber es hätte Schlimmeres verursacht, wäre nicht die automatische Bremsung gewesen.

Interessanterweise ging die Existenz dieser Technologie auf gesetzliche Vorgaben der Europäischen Union zurück.

KLUGE: Eine EU-Auflage. Nehmen Sie das Zusammenwirken von Mensch und Automatik bei der Notlandung eines Flugzeugs auf dem Hudson in New York am Tag, an dem Präsident Obama sein Amt antrat. Alle Personen wurden gerettet. Das ist eine sehr feine Interaktion zwischen dem Piloten, der nur drei Minuten Zeit hat, überhaupt Entscheidungen zu treffen und auszuführen, und einer Automatik, die ihn gleichzeitig wie ein Schutzengel geleitet.

VOGL: Diese Endmoräne an neuen Technologien stellt diejenigen, die sie produzieren – eine Art humaner Restexistenz – vor eine interessante Frage: Was von uns ist abschaffbar und was kann sich ein Fortleben garantieren? Beispielsweise kann man sich guten Gewissens vorstellen, dass Piloten durch Autopiloten abgeschafft werden. Man kann sich vorstellen, dass Mannequins der Modebranche durch 3D-Simulationen ersetzt werden. Aber ein Förster oder ein Sozialarbeiter wird wohl nicht so schnell abgeschafft.

KLUGE: Ein Arzt auch nicht.

VOGL: Zumindest ein Zahnarzt nicht.

Radiologen schon?

VOGL: Radiologen eher. Die Technologie provoziert einen Gegentest auf menschliche Substrate: Wo und wie können wir uns unser eigenes Fortleben weiterhin vorstellen? Dadurch wird die Technik doppelt erfinderisch. Sie ist nicht nur eine Erfindung, sondern sie stellt eine Anforderung an die Selbsterfindung des Menschen dar. Das ist die Situation, in der wir uns befinden. Jede neue Maschine ist auch ein Menschenexperiment, nicht nur ein technisches.

Drei Bereiche sind es, bei denen menschliche Eigenschaften bislang jene von Maschinen überflügeln: die von Ihnen beschriebene Fingerfertigkeit, dann Empathie, und Kreativität.

KLUGE: Die Reaktion auf überraschende Situationen! Also Feinsteuerung.

Improvisationsfähigkeit?

KLUGE: Hinter diesen Fähigkeiten stecken achthunderttausend Jahre Evolution oder fünf Millionen Jahre Evolution, vielleicht noch ältere Kräfte, die wir täglich mit uns tragen, ohne sie besonders zu nutzen. Da ist noch eine kleine Reserve an Schutzengeln aus der Vergangenheit in uns tätig.

VOGL: Die Feinmechanik die Sie ansprachen, Alexander Kluge, die Behutsamkeit von Maschinen – das war nicht immer so. Eine Dampfmaschine war nicht behutsam. Aber es besteht wohl ein großes Bedürfnis, die in Maschinen ausgelagerte Arbeit wieder zu humanisieren. Man möchte Maschinen lieben und von ihnen geliebt werden. Die Liebe des Uhrmachers zu seinem Uhrwerk. Maschinen sollen sich unserem Verlangen nach Einfühlung nicht entziehen, im Gegenteil. Das ist eine Frage des Narzißmus.

Aber das betrifft nur Technologie, mit der Menschen direkt Kontakt haben. Die Technologie, die im Verborgenen funktioniert, die muss doch keinerlei Liebe auslösen?

KLUGE: Beobachten Sie mal, welche Ebenen hier völlig parallel laufen, etwa die Welt der Entwickler: Die entwickeln zum Beispiel Automatik in den Flugzeugen oder die Interaktionen zwi-

---

Extreme Zwerge

Inwieweit beherrschen Sie Ihre neuen Rekruten, General, die Nano-Computer?
Nahezu vollständig.
Die Nano-Roboter sind intelligent?
Klein und besonders intelligent.
Unsichtbar?
Praktisch unsichtbar.
Man sagt, in der Evolution liegt der Vorteil stets auf der Seite der kleinen Organismen.
Es sind Maschinen.
Aber als Intelligenzen ziemlich lebensecht?
Das sind sie. Vor allem im Verbund.
Sind es SICH SELBST ERHALTENDE SYSTEME?

---

schen Fabriken. Dann gibt es die Ebene der Praktiker, mögen sie Roboter oder Menschen sein, in der Ebene zu den Entwicklern verhalten sie sich wie Kellerinsassen zu einem Bombergeschwader im Krieg. Das sind zwei Welten, die aufeinandertreffen, und diese Interaktionen sollten wir beobachten. Wenn die schieflaufen, kann es sehr grausig sein. Die Entwickler sind eigentlich wie Götter tätig, die spinnen Fäden.

VOGL: Es werden damit auch Sentimentalitäten erzeugt. Menschen altern, Maschinen nicht, sondern sie veralten. Daraus kann sich aber Maschinensentimentalität entwickeln, etwa Liebhaberei zu alten Atari-Computern, die man nicht im Werkstoffhof entsorgen will. Sie stehen dann herum und schauen einen an.

Ganz gewiß.
Wenn sie aus Ihrem Labor entkommen, wie könnten Sie sie je wieder einfangen? Bisher hat jedes sich selbst erhaltende System einen Weg gefunden, sich fortzupflanzen.
Wie sollten sie das tun? Sie haben kein Geschlecht.
Sind sie lernfähig?
Äußerst lernfähig.
Sozial?
Sie mögen einander, wenn Sie das meinen. Ich habe daraus gelernt: Intelligenz entsteht nicht aus Logik, sondern aus Geselligkeit.
Dann werden diese hybriden Wesen, General, doch sicher einen Weg finden, sich zu vermehren?
Nicht im Labor und nicht in einer Weltraumwaffe!
Könnten sie in der Kälte des outer space überleben?

KLUGE: Als wären sie Menschen.

VOGL: Als wären sie außer Dienst, also funktionslos geworden, ganz besonders liebenswert.

Aber wenn es immer Gefühle von Menschen gegenüber Maschine geben wird, dann hieße das, es wird immer auch den Privatbesitz an Autos geben, weil der Mensch seine Gefühle auf das Auto überträgt, so wie er sie früher auf sein Pferd übertragen hat. Doch gerade die junge urbane Generation, in Berlin etwa, birgt das nicht mehr in sich. Da ist das Auto nur noch ein austauschbares Transportmittel.

VOGL: Die Leute sind nicht blöd und wissen, dass es ein großes Vergnügen macht, die eigenen Gefühle herumfahren zu

---

Das könnten sie.
Sind sie hitzeempfindlich?
Die neuesten Typen nicht.
Was spricht dann im Fall ihres Entweichens dagegen, daß sie eigene Republiken, eine separate Evolution neben der der Menschheit in Gang bringen? Könnten sie sich Sklaven oder Hilfskräfte attachieren?
Sklaven nicht, aber Automaten.
Roboter älterer Bauart?
Alle, die größer sind als sie.
Würden Ihre Geschöpfe so etwas tun?
Sie würden sich verraten, wenn sie sich auf diese Weise verstärkten. Das provoziert Gegenmaßnahmen von unserer Seite. Sie sind zu intelligent für einen solchen Schritt.
Wie würde man überhaupt merken, daß sie ausgebrochen

---

lassen. Vehikel für meine Affekte. Ein Projektil ist ein fliegender Affekt, ein Auto ist ein herumkutschierender Affekt. Die Technologie hat Affektpotentiale mobil gemacht.

KLUGE: Wir müssen die Gleichzeitigkeiten in der Welt beachten. Sie sprachen eben von Berlin, Sie müssen auch von Albstadt reden. Sie müssen von uns reden in Europa, aber gleichzeitig von Afrika und Lateinamerika, von Sao Paulo, aber auch von

Innerbrasilien, wo keine Stadt ist. Das heißt, alles das koexistiert gegenwärtig. Genauso unsere Gefühle. Wir haben die Gefühle, die sich auf unser 21. Jahrhundert gründen, wir tragen aber alle übrigen Gefühle, bis zurück zur Stammesgesellschaft, ebenfalls in uns. Auch ein Vorstandsvorsitzender hat diese ganze Skala an Reaktionen und Gefühlen und damit Reserven. Das heißt, wir Menschen sind reicher, als wir glauben.

---

sind und sich vermehrt haben?
An einer langsamen Zunahme der Temperatur auf dem Planeten.
Durchschnitt der Erdtemperatur?
Im Durchschnitt und an einigen Flecken, an denen sie sich konzentrieren.
Falls sie so unklug sind, Pulks zu bilden?
Sie sind nicht unklug.
Eine durchschnittliche, allmähliche Temperaturerhöhung des Planeten könnte auch andere Gründe haben?
Darin liegt unser Problem.
Sehen kann man die Nanos nicht?
Nicht außerhalb des Labors. Man braucht Geräte, um die Nanos an einem beobachtbaren Ort festzuhalten, wenn man sie »sehen« oder anmessen will.

VOGL: Ich glaube, es gibt auch Maschinen in uns.

KLUGE: Die Ratio ist eine Maschine.

VOGL: Aber noch mehr. Das Nervensystem ist eine Maschine. Um ein Beispiel zu nennen: Einer der großen Vertreter der entstehenden Psychiatrie, Eugen Bleuler, hat in den 1920er-Jahren einen Begriff geprägt, den ›Gelegenheitsapparat‹. Er bezeichnet die Funktionsweise des Nervensystems, das sich überaus zuverlässig über Automatismen fortbewegt, etwa über Reiz und Reaktion. Dabei stellt sich für Bleuler eine entscheidende Frage: An welcher Stelle interveniert in diese Maschine, in diesen Automatismus eigentlich der Mensch oder so etwas wie ein menschlicher Wille? Die These ist sehr einfach: Das besteht im Ausschalten des Apparates. Es gibt Spontaneität, und die

---

Nur die Wärmeausstrahlung verrät sie? Sie können nicht aufhören zu arbeiten?
Man könnte sie erkennen aus dem, was sie anrichten.
Wenn dem Präsidenten der Vereinigten Staaten berichtet wird, daß sie sich auf der Erde etabliert haben, wären es wie viele?
Einige Millionen Trilliarden.
Und das sehen Sie nicht als Gefahr?
Es ist ein Geheimprojekt und kann nicht diskutiert werden. In 16 Jahren wird die Gefahr geringer sein, weil wir dann Gegenmaßnahmen haben, die auch den (hypothetischen, als geheim klassifizierten) Fall des Entweichens berücksichtigen.
Und wenn der früher eintritt?

---

blockiert den Automaten. In uns wirken Maschinen, und die laufen weiter, und dort, wo sich Spontaneität entwickelt, gibt es ein Moment, mit dem etwas eingreift, eine seltsame, fast mystische Kraft, die im Ausschalten besteht. Dieses Verhältnis von Automatismen und Unterbrechung kennzeichnet die Menschenmaschine, eine Maschine, die die Kunst der Selbstabschaltung beherrscht.

KLUGE: Unser Hirn besteht hauptsächlich aus Abschaltmechanismen, das würde platzen, wenn die nicht funktionieren würden. Sie können unseren Körper als Modell nehmen, so wie die antiken Rhetoren das vorgeschlagen haben, der Magen ist der Senat und wir sind die Beine und Arme und arbeiten als Volk. Diese Vergleiche zwischen Gemeinwesen und Körperbau kann man sehr ernstnehmen. Wenn wir aber

---

Wir brauchen die Nano-Roboter.
Für den hit-to-kill-interceptor, den Nachfolger des 59-kg-Wunders (137 cm lang) von Raytheon in Tucson/Arizona?
Wir müssen das Projektil auf 8 mm Größe und eine Geschwindigkeit von 90 Meilen/sek. trimmen Das können nicht Ingenieure, das können nur die Nanos selbst entwickeln. So schützen wir das Land gegenüber Angriffen von »Schurken-Staaten«.
Woraus bestreiten Sie Ihr Vertrauen, daß das gutgeht, General?
Das Vertrauen habe ich gar nicht.
Vor dem Senatsausschuß sprachen Sie von Zuversicht.
Das ist ein institutioneller Fachausdruck.

---

im Wesentlichen aus Bremsen bestehen, dann müssten wir in unseren Industrien einen ähnlichen Balance-Mechanismus einfügen.

Das Gegenteil ist doch der Fall! Es gibt im Alltag der großen Unternehmen vierundzwanzig Stunden, sieben Tage die Woche ständig verfügbare Arbeitskräfte. Wenn die eine Zeitzone schlafengeht, übernimmt die andere, und digitale Prozesse versprechen ja dem einzelnen Teammitglied, genau dort wieder anzufangen, wo sein menschlicher oder maschineller Kollege gerade aufgehört hat.

KLUGE: Damit bauen Sie automatisch eine katastrophale Situation. Sie erreichen dann ein Auseinanderdriften ganzer Kontinente. Denn in Afrika ist das so nicht, in Lateinamerika auch noch nicht.

VOGL: Es gibt in jeder durchorganisierten Struktur Tümpel der Unproduktivität, Widerstand, Verschleiß oder schlicht Erschöpfung. Diese schwarzen Löcher oder seltsamen Attraktoren der Nichtproduktivität können auf eine unvorhersehbare Weise noch einmal wirksam werden. Das sind Dinge, die auch dem Schematismus einer durchdigitalisierten Welt entgehen.

KLUGE: Das heißt, diese Bremsen, die in uns, im Körper, verhindern, dass wir durchdrehen, die gibt es in Wirklichkeit in den Industrien auch, nur sind sie gewaltsam tätig, wie ein Ottomotor ohne Gehäuse. Das heißt, sie sind im Moment pure Explosion. Das geht erst schief, und dann korrigiert es sich. Die Finanzkrise 2008 ist eine zarte Andeutung für das, was eintritt, wenn Ökonomien ohne Bremse sind.

III. BESITZ

Noch mal zurück zu den von Ihnen beschriebenen Technologien. Wer wird die besitzen? Es gibt ja die Vorstellung, dass mit neuen Technologien auch neue Besitzmodelle einhergehen könnten, dass Nutzer etwa ein Stück der Plattform besitzen, die deren Arbeitskraft vermittelt. Wird das der Fall sein? Oder wird es eine noch stärkere Konzentration von Besitz geben?

VOGL: Wie kommt es, dass ein Unternehmen wie Uber, eine Plattform, die aus Hardware und Software plus Algorithmen besteht, einen Börsenwert aufweist, der wesentlich höher ist als die Marktkapitalisierung von BMW?

Uber hat dazu nur 1.500 direkte Mitarbeiter.

VOGL: Die Antwort findet sich in einer neuartigen Ausnutzung der Technologie, die insbesondere für Wertschöpfungsprozesse interessant ist. Erstens hat sich das in das Geschäft von Uber investierte Kapital, das zum Teil von Großbanken wie Goldman Sachs stammt, von der Verpflichtung gegenüber der Arbeitskraft befreit, nämlich dem Uber-Fahrer. Der muss sich selbst sozialversichern, das tut nicht mehr das Unternehmen. Zweitens hat sich das Unternehmen vom fixen Kapital, nämlich den Fahrzeugen losgemacht. Verschleiß und Reparaturen bleiben am Fahrzeughalter hängen. Diese doppelte Befreiung oder Entbindung des investierten Kapitals – von der Arbeitskraft und vom fixen Kapital – ist eine neue Erfindung, eine letzte artistische Wendung des gegenwärtigen Kapitalismus. Das macht die sogenannte ›Sharing Economy‹ so verlockend.

Sehen Sie eine neue Variante des Finanzkapitalismus?

VOGL: Ja. Die Auslagerung von Arbeitskraft und Fixkapital, die Minimierung von Transaktions-, Opportunitäts- und Marginalkosten in den Plattformunternehmen schaffen großen Appetit für Finanzinvestoren. Die digitalen Technologien einerseits und die Plattformökonomie andererseits sind die engsten Verbündeten des gegenwärtigen Finanzkapitals und damit eben auch die Bedingung seiner internationalen Wanderungsfähigkeit, seiner Loslösung von territorialen, irdischen, physischen Bedingungen.

KLUGE: Das Physische ist das Stichwort. Wir haben im 21. Jahrhundert ein Jahrhundert der Ingenieure, so wie es das 19. Jahrhundert war. Das hat noch mit der Physik zu tun und später mit der Chemie, die ja auch eine Naturkraft darstellt. Wenn Sie jetzt, als wären wir Neuplatonisten, auf die Information statt auf die Natur etwas wie eine Pyramide setzen, dann kann das nicht Produktion werden. Dieser Drahtseilakt, der auf seinem einzelnen Fuß stehende schwere Elefant, das ist nur eine Ausnahme im Zirkus. Das können Sie nicht isoliert wiederholen. Wenn Sie es tun, fällt das Ding um. Das alles funktioniert nur bis zur nächsten Krise. Sie brauchen die Fundierung. Sie können anhand der Wanderungsbewegungen sehr gut beobachten, was geschieht, wenn Afrika nicht wirklich teilnimmt an den neuesten Entwicklungen.

Neben Afrika sind es weite Teile Asiens, die nicht daran teilnehmen; alles Gegenden, wo das Bevölkerungswachstum stattfindet.

KLUGE: Wobei Sie mittendrin in Asien, in Indien, eine Avantgarde finden, Mathematiker der Spitzenklasse. Das ist komplex und mit 7,2 Milliarden Menschen verbunden, dort werden überraschende Ausgleiche entstehen, denn für jede Bewegung, wie zum Beispiel im Silicon Valley, existiert jetzt schon ein Gegenpol irgendwo in der Welt. Wir müssen nur suchen.

In der Fachliteratur finden sich Untersuchungen, die beschreiben, dass Arbeitsplätze, die in diesen Hightech-Inseln in Indien, USA oder in Afrika entstehen, rund sieben bis 12 Arbeitsplätze nachsichziehen, allerdings eher im Dienstleistungsgewerbe.

Gleichzeitig wird die Befürchtung geäußert, dass weite Teile der Welt permanent abgehängt werden, weil sie gar nicht mehr die Chance haben, durch Industrialisierung zu Wohlstand zu gelangen?

KLUGE: Das wissen wir nicht.

VOGL: Wir wissen es nicht, aber wir können Tendenzen sehen. Ein wesentliches Interesse des Kapitals seit seiner Weltherrschaft, seit dem, was Immanuel Wallerstein das Weltsystem genannt hat, besteht in der Senkung der Lohnkosten. Die kontinuierliche Verelendung von Arbeit ist Teil davon. Damit ist ein für uns unvorhersehbarer Bruch eingeführt, denn aus den Elendsreservaten, die weiterhin fortbestehen werden und sich ausgeweitet haben, etwa in den Arbeitsgefängnissen in Bangladesch oder in der Prekarisierung der Arbeit selbst inmitten unserer Länder, entstehen womöglich Gegenbewegungen. Michel Foucault hat einmal gesagt: Um zu wissen, was Gesundheit ist, muss man die Krankheitsphänomene untersuchen. Analog heißt das, um zu wissen, was ein Rechtssystem ist, muss man die Formen der Rechtsbrüche untersuchen. Man könnte wahrscheinlich auch sagen: Um zu wissen, was die Zukunft der Arbeit ist, muss man die Widerstandsformen dagegen untersuchen. Wo liegen die? Wo liegen Momente, in denen die Zukunft der Arbeit mit ihren eigenen Obstruktionen konfrontiert ist?

KLUGE: Früher konnten Arbeiter streiken. Das können sie, wenn die Arbeit ubiquitär verteilt ist und ihnen entzogen ist, nicht mehr wirksam tun.

VOGL: Lange Zeit ist die Arbeit ein Zentrum für die Organisation von Solidarmilieus gewesen, etwa in Form der Gewerkschaften. Spätestens die Ökonomie oder Industrie 4.0 hat gezeigt, dass sich Arbeit in hohem Maße desolidarisieren lässt. Das ist oft die Bedingung, um überhaupt Zugang zum Arbeitsmarkt zu bekommen.

KLUGE: Dann gibt es etwas Weiteres als Gegenwehr der Arbeitskraft, das ist das Bremsen. Das ist wirksam, selbst in den Rüstungsindustrien mitten im Krieg. Wenn Arbeit unerträglich wird, bremse ich. Diese Bremsen sind zunehmend außer Kraft gesetzt. Wenn zum Beispiel eine Angestellte einer großen Werbeagentur in Tokio vom Dach des Hauses springt, immerhin mit der Wirkung, dass der Präsident dieser Firma ein Jahr später zurücktreten muss, dann merken Sie, hier entstehen Dramen.

Aber das heißt, auf den Punkt eingehend, dass man, wenn man über die Zukunft nachdenkt, den Widerstand betrachtet, dass es durchaus Alternativen gibt zur gegenwärtigen Entwicklung. Das setzt die Fähigkeit voraus, diese neue Erscheinung des Finanzkapitalismus klar zu beschreiben, aber auch die Gegenbewegungen zu erkennen, die wiederum die Zukunft des Kapitalismus selbst prägen werden.

VOGL: Das ist richtig. Diese Keime sind überall dort erkennbar, wo sich die Arbeit vom Gegenwert, das heißt von der Bezahlung befreit und sich in andere Formen des Tätigseins übersetzt.

KLUGE: Durch Anerkennung oder Generosität.

VOGL: Oder die Erzeugung von Kollektivität. Arbeit hatte immer einen egoistischen Kern, nämlich der Selbsterhaltung, und einen gemeinschaftlichen Kern, nämlich Bündnisse herzustellen, etwa mit dem Nebenmenschen oder Kollegen. Diese Seite der Arbeit ist im Augenblick ungebunden und freigesetzt, das

Kollektivbegehren sucht sich andere Wege, andere Repräsentanzen des Tätigseins.

KLUGE: Aber eher als Streik oder Bremsung als Gegenproduktion.

VOGL: Genau. Wie produzieren wir Geselligkeit, wenn ein Großteil der Industrie darin besteht, Geselligkeit zu zerstören? Es gibt Gegenkräfte in der Produktion von Geselligkeit, die durchaus erkennbar sind, und das sind womöglich die Produktivkräfte der Überflüssigen.

KLUGE: Und das ist jetzt das gefährlichste Element. Wir haben bisher von freundlichen Formen der Gegenproduktion gesprochen, und die gehen immer mit Produzentenstolz einher. Wo Anerkennung und Produzentenstolz möglich sind, ergeben sich Alternativen zur bisherigen Reproduktionsweise. Aber wenn Sie Afrika ökonomisch praktisch überflüssig machen, Teile Asiens und Lateinamerikas deklassieren und entindustrialisieren, dann kriegen Sie Flüchtlingsströme.

Ein bedingungsloses Grundeinkommen können Sie nicht für 7,2 Milliarden Menschen machen, das lässt sich allenfalls für bevorzugte Zonen der Welt denken. Das werden dann die Attraktoren für Flüchtlingsströme. Das ist noch der freundliche Weg. Wenn Sie jeden sechsten Sohn in einer Familie Nordafrikas für überflüssig erklären, vielleicht sogar jeden vierten, dritten oder jeden zweiten, vielleicht sogar den ersten Sohn, bekommen Sie eine Terroristenschule. Aber ich wäre vorsichtig mit den Voraussagen, denn in der Geschichte kommt es immer ganz anders, als man denkt.

IV. PROTEST

Wird die zukünftige Entwicklung also nicht so sehr durch Technologie getrieben, sondern vielleicht eher durch den Widerstand gegen die ihr zugrundeliegenden Produktionsverhältnisse?

KLUGE: Entwicklung ist nur möglich, wo Balancen neu entstehen, wenn alte vernichtet werden. Ohne Balance können Sie auf dem Planeten nichts bewirken; weder Produktion, noch Konsumption, noch Zirkulation.

Wird diese Balance durch nationalstaatliche Strukturen, Steuersysteme oder soziale Sicherungssysteme hergestellt? Werden das radikale politische Bewegungen sein? Oder neue kollektive Organisationsformen im virtuellen Raum?

KLUGE: Wissen wir ja wieder nicht. Wir können ja nicht in die Blackbox Zukunft hineinschauen. Wir können nur in der Gegenwart Tendenzen sehen, Fußstapfen der Elemente identifizieren, aus denen Zukunft besteht, aber mehr nicht. Das ist wie von Clausewitz beschrieben: Wenn Sie anfangen mit dem Krieg, wissen Sie nicht, worauf Sie sich einlassen. Und das ist ein Krieg, in den wir hier gehen.

Welche Eigenschaften braucht man in dieser Auseinandersetzung? Es wird ja immer gesagt, es geht jetzt um neue Lernwilligkeit, um die Bereitschaft zur Flexibilität, es geht darum, innovativ zu sein und integrieren zu können. Was sind das für Eigenschaften, die den Einzelnen darauf vorbereiten können auf das, was kommt?

VOGL: Zunächst ist Klarsichtigkeit nötig. Eine Verbindung aus Genauigkeit und Phantasie. Wir müssen wohl erkennen, dass Partikularinteressen häufig als Gemeinwohl ausgegeben werden. Eine bestimmte Klasse oder Kaste verspricht Gemeinwohl, verfolgt aber rabiate Eigeninteressen. Da lohnt es sich, nüchtern zu sein und nicht selbstverständlich davon auszugehen, dass die Anpassung an bestimmte Geschäftsformen und Technologien unseren Interessen dient. Die Schärfung des Blicks für Interessenlagen wäre ein erster Punkt. Eine zweite Sache betrifft Vertrags- und Bündnisbereitschaft, also die Fähigkeit, über Grenzen hinweg, über Nationalstaaten hinweg, vielleicht sogar über Parteien hinweg neue Bündnisse herzustellen – man hat vielleicht mehr Verbündete, als man denkt: Prüfung und Sammlung von Bündnispartnern. Dabei geht es – das ist der letzte Punkt – darum, etwas zu verhindern, was bereits angesprochen wurde, nämlich die Verkehrung von Produktivität in die Produktion des Todes. Wo die Verständigung auf eine gemeinsame Welt schwindet, treten die Todesproduzenten auf den Plan.

KLUGE: Eine Realität, die das riskiert, wird abgewählt von Menschen. Das steht in unserer evolutionären Ausstattung. Da ist eine bestimmte Widerspenstigkeit, ein Eigensinn, eine Rebellion angelegt, und die lässt sich nicht gefallen, dass Menschen zu versklavten Heloten gemacht werden. Es ist auf Dauer nicht möglich, emanzipierte Menschen zu unterdrücken. Da ist vorher ein Krieg fällig.

V. MACHT

Aber was, Alexander Kluge, wenn man in so einer Art Zwischenzustand festgehalten wird; man hat genug zum Konsumieren, bewegte Bilder und virtuelle Realitäten lullen ein, es gibt Ablenkung durch Spiele; vielleicht gibt es sogar durch ein Grundeinkommen oder eine Variation dessen die Illusion, dass man am geschaffenen Mehrwert partizipiert? Das alles verstellt die realen Machtverhältnisse und liefert sicher keine Gründe zur Rebellion.

KLUGE: Das ist eine Situation, die partiell im Jahr 1912 in Europa eingetreten war. Sie führte dazu, dass eine Jugend (auch viele Dichter darunter) mit Genuss zwei Jahre später in den Krieg zog. Was Sie schildern, ist ein Kriegsgrund. Menschen können Sie in dieser Form nicht einlullen wollen. Das funktioniert bei jungen Menschen nicht. Für eine Generation können Sie das machen, aber nie für drei. Das ist ein gefährliches Experiment. Menschen lassen sich nicht einfach domestizieren, weder auf friedliche Weise durch Unterhaltung, noch auf bösartige Weise. Die Planwirtschaft im nationalsozialistischen Deutschland, die so etwas verfolgte, ist nicht älter geworden als zwölf Jahre.

Wie beschreiben Sie die Machtverhältnisse? Wohin geht die Tendenz? Wird es eine Konzentration geben auf sehr wenige, vielleicht auf einen Monopolisten am Ende?

KLUGE: Nein.

VOGL: Ja. Aber der Kampf ist vielleicht noch nicht entschieden. Wir haben es mit Megamaschinen zu tun, ob Facebook oder Google, die menschliche und nicht-menschliche Akteure miteinander vernetzen. Die Funktionsweise von Maschinen besteht ja darin, dass sie Verbindungen herstellen. Eine Maschine ist kein abgeschlossener Apparat, sondern ein Gefüge von Verknüpfungen. Ein Kolben verknüpft sich mit einem Rad, das Rad verknüpft sich mit der Schiene, die Schiene verknüpft sich mit der Erde, und die Erde breitet sich über Länder und Landschaften hinweg aus. Eine Maschine hat strukturell keine endgültige Grenze. Und die Effizienz von Maschinen besteht in der Erhöhung von Verknüpfungsmöglichkeiten. Deswegen sind Maschinen wie Facebook besonders effizient, weil sie eine Multiplikation von Synapsen verfolgen und verwalten. Und darum stellt sich die Frage, wer über diese Verknüpfungsstellen, über die technischen und sozialen Synapsen verfügt: Hier haben sich die neuen Monopolisten aufgebaut.

KLUGE: Die Fakten sehe ich genauso wie Sie. Ich glaube aber, dass hier grundlegend neue Entwicklungen stattfinden. Der Herr des Ganzen, also der Monopolist, der alle Oligopole bei sich vereinigt, sei das ein Gremium, selber eine Maschine oder sei das ein CEO, der beherrscht nichts mehr. Das ist so ähnlich, wie einer nicht versuchen kann, sein Handy selber zu reparieren. Da ist die Reparaturmöglichkeit verschwunden. Und wo eine Produktion der Reparaturmöglichkeit entledigt ist, da wird sie zusammenbrechen und auf einer tieferen Ebene wieder neu anfangen. Ich glaube, dass dieses System immer wieder einbricht und auf einer einfachen Ebene erneut loslegt.

»Wer auf dünnem Eis Schlittschuh läuft, wird nur dann nicht einbrechen, wenn er so schnell wie möglich weiterläuft.«

VOGL: Das ist eine Idee, für die ich große Sympathie hege. Sie fordern uns im Grunde heraus, den von diesen Technologien selbst produzierten Dystopien nicht zu vertrauen.

KLUGE: So ist es.

VOGL: Es gibt eine technologische Besetzung unserer politischen Phantasien, die sie sklerotisch macht.

KLUGE: Wir können uns nichts mehr vorstellen.

VOGL: Wir können uns jenseits dessen nichts mehr vorstellen. Natürlich ist damit durchaus auch ein gewisser Realismus verbunden. Wenn Sie sich die großen und mit eigener Zukunftsvision ausgestatteten Unternehmen vor Augen führen, dazu gehören Facebook, Amazon, Airbnb, Uber, dann sieht deren Weltkonstruktion in letzter Konsequenz aus wie amerikanische Vorstädte, ohne zentrales Forum, mit menschenleeren Straßenzügen, Eigenheimen in Serie, mit adretten Vorgärten und einer Versorgung durch Versandhändler. Soziale Wüste.

KLUGE: Silicon Valley sieht so aus, das ist keine Stadt.

VOGL: Sondern ein Gebilde, in dem so etwas wie Gesellschaft nicht mehr existiert. Es ist die Zukunftsvision einer generellen Privatisierung des sozialen Raums. Darin gefriert unsere politische Einbildungskraft.

KLUGE: Das Jahr 2016 hat mit dem Brexit und der Wahl Trumps diese Krise ganz deutlich, wie eine Schrift an der Wand, kenntlich gemacht. Wenn die Kanzlerin sagt, die Welt ist »in disorder«, dann spricht sie wie Shakespeare.

VOGL: Time is out of joint.

KLUGE: The world is out of joint. Dann entsteht auch eine Gegenbewegung dazu. Wenn wir die Gegenbewegung noch nicht definieren können, dann haben wir falsch gesucht, dann waren wir nicht genau genug. Wir sind in einer Situation, wie sie Hans Blumenberg in seiner Schrift *Schiffbruch mit Zuschauer* beschreibt. Ein Schiff geht unter auf der Kolonialfahrt nach Afrika. Aus dem Wrack wird ein Floß gezimmert, es bricht Kannibalismus aus, es bleiben wenige übrig. Daraus ist das

Gemälde *Das Floß der Medusa* entstanden, das jetzt im Louvre in Paris hängt. Ein Besucher in warmen, trockenen Kleidern steht dem Floß gegenüber, der Betrachter. Das ist die klassische Haltung, mit der auch wir die Lage beurteilen, und mit der auch ein CEO vielleicht seine Firma und die Umwelt sieht.

In Wirklichkeit sind wir aber keine Zuschauer, wir sind eingeschifft. Das Schiff ist leck, und wir sind an Bord. Das Denken, das Fühlen wird praktischer. Wir müssen jetzt überlegen, wie man Schiffswände repariert während der Fahrt. Wir müssen die Frage der Rettungsboote anders lösen als bei der Costa Concordia oder bei der Titanic. Wir müssen lernen, mit einem havarierenden Schiff umzugehen, das aber noch nicht untergehen muss. Dies ist eine Herausforderung an alle, ob wir Lust haben oder nicht.

Die Schrift an der Wand hat auch Kleingedrucktes, auch das wird irgendwann erkannt. Nach jedem großen Unfall, nach jedem großen Zeichen kommt hier ein Stück Überlegung zusammen. Nur über zwei Dinge können wir als einziges selber entscheiden: Wir können entweder antworten mit depressiven, ausladenden, ornamentalen Gedankengängen, oder wir können das Einzige belasten, was hier relevant ist, nämlich nicht bloß die Kenntnis der Tatsachen, sondern die Kenntnis der Auswege. Die Kenntnis der Auswege heißt, gleichzeitig etwas, was Mut macht, in der Wahrnehmung vorzuziehen, gegenüber etwas, was mich ohnmächtig macht. Eine ohnmächtige Wirklichkeit will ich gar nicht erst wissen. Das ist hochideologisch, das appelliert daran, dass wir Illusionswesen sind, dass wir, wie Sie eben gesagt haben, phantastische Fähigkeiten besitzen. Unsere Phantasie ist nämlich nicht unterwerfbar. Die ist unser Verbündeter in diesen Fragen: das Vorstellungsvermögen.

VOGL: Es gibt Illusionsbildung durch Optimismus oder Pessimismus. Beide Haltungen sind im hohen Maße illusionsanfällig.

Weder optimistische noch pessimistische Sichten sollten einen daran hindern, tatsächlich eine Aktion zu wagen.

KLUGE: Den Ort zu suchen, an dem ich stehen und Mut behalten kann: das ist der Kernpunkt. Wenn ich an der Spitze eines Unternehmens stehe, dann muss ich die Stelle suchen, an der ich Mut behalten kann. Wir brauchen alle Formen, bis zum Bauern in uns, wenn wir danach suchen, auf was wir uns verlassen können. Ich glaube, zum Beispiel, mich auf meinen Vater verlassen zu können, in dem steckt ein Arzt, und in dessen Herz steckt wiederum ein Bauer, der sein Urgroßvater war. Es würde mir Mut machen in aussichtsloser Lage. Dieses festzustellen, das sind kleine Embryonen von Selbstbewusstsein. Das ist das Einzige, was man in einer so unübersichtlichen Lage machen kann.

Das Wissen über die Zukunft können wir uns nicht verschaffen, aber wir können die Haltung gegenüber den kommenden Entwicklungen so entwickeln, dass wir dabei den Mut des Erkennens verbinden mit dem Mut, die eigenen Emotionen und Sinne anzuwenden. Das könnten wir behalten. Jeder hat seinen eigenen Charaktergarten, in dem er jäten, aber auch pflanzen kann.

VOGL: Es gibt Situationen, und das ist gegenwärtig so eine, wo man gewissermaßen zum Experimentieren gezwungen ist. Lange Zeit schien es unnötig. Die Dinge waren gut geordnet und man konnte einem Schicksalspfad folgen. Aber es gibt Zeiten, in denen der Verzicht auf experimentelle Erprobungen fahrlässig wäre.

Wenn wir von Experimenten sprechen, wie stehen Sie in zum bedingungslosen Grundeinkommen?

VOGL: Es ist nicht ganz klar, wie so ein Experiment tatsächlich enden wird. Wir wissen es nicht. Es kann sein, dass ein bedingungsloses Grundeinkommen nichts anderes ist als die Antwort auf das, was die Ökonomen natürliche Arbeitslosigkeit nennen. Jede Gesellschaft, die kapitalistisch funktioniert, braucht Arbeitslosigkeit, damit das System erhalten bleiben kann. Das könnte durch das bedingungslose Grundeinkommen gewährleistet werden.

Es kann aber auch sein, dass es ein Menschenexperiment ist, dass mit dem bedingungslosen Grundeinkommen überprüft wird, ob der Mensch tatsächlich faul, träge, egoistisch ist und dort untätig wird, wo er gefüttert wird. Vielleicht stimmt das aber gar nicht, vielleicht taucht da ein völlig neues Menschenexemplar auf, das andere Qualitäten entwickelt und unter dieser Bedingung in einer erfreulichen Weise produktiv wird. Es kann aber auch sein, das ist das dritte Element eines bedingungslosen Grundeinkommens, dass wir es benötigen, um überhaupt noch die Konsumenten für diese Industrie, die wir uns zugefügt haben, zur Verfügung zu stellen. Das sind drei völlig verschiedene Hypothesen.

KLUGE: Das wäre ein System, das sich seine Käufer kauft.

VOGL: Was dringend nötig ist für das Überleben der Systeme.

Das seine Käufer noch duldet?

KLUGE: Von Dulden kann keine Rede sein. Ein Produktionssystem, das keine Käufer hat, kann nicht funktionieren.

Oder es wird durch ein anderes abgelöst?

KLUGE: Aber wie wollen Sie das ablösen? Durch was? Da brauchen Sie auch wieder Menschen, die etwas verbrauchen.

VOGL: Es gibt ja bereits den neuen Käufer oder den neuen Konsumenten, das ist das, was die Ökonomen Prosumer nennen. Das ist ein Käufer, der, ohne es zu wissen, mit dem Konsum zugleich an der Produktion der gekauften Ware mitarbeitet.

VI. MORGEN

Wird ein Käufer nicht zunehmend zum Nutzer, der nichts erwirbt, sondern nur nutzt und für diese Nutzung Daten überlässt, die wiederum eine Dienstleistung besser machen?

VOGL: Da gibt es unterschiedliche Formen. Es gibt das IKEA-Prinzip. Das IKEA-Prinzip besteht darin, dass ich eine unfertige Ware kaufe und im Spaß beim Zusammenbau minderer Möbel einen Teil des Konzerngewinns garantiere. Das andere Prinzip ist das Microsoft-Prinzip oder auch das Windows-Prinzip. Ich benutze einen Gegenstand, den ich gekauft habe, bemerke Programmfehler, melde sie und trage damit zur Optimierung dieser Sache bei. Ich bin selbst sozusagen unbezahlte Testperson. Oder das Google- oder Facebook-Prinzip: Ich arbeite an der Produktion von Datenrohstoffen, ohne es zu wissen, etwa wenn ich im Netz herumspaziere und herumklicke. Das wäre ein neues Prod*user*-Prinzip, der User als Produzent von Produktionsmitteln. Jeder Internet-Nutzer, jeder Produser leistet Mehrarbeit, ohne es wirklich zu spüren, er gibt einen Verhaltensmehrwert, ein Vitalquantum an die Netzmonopolisten ab. Das wären Varianten der Abschöpfung von Mehrwert für eine Industrie, die verzweifelt nach Konsumenten, aber auch nach den letzten Reservoirs von Mehrarbeit sucht.

Die Arbeitskraft der Zukunft könnte schlicht auch bloße Lebenskraft sein, zum Beispiel dadurch, dass ich Menschen zwinge, sich privat zu versichern. Ich stelle mein eigenes Leben in den Dienst der Finanzökonomie durch die Privatisierung von Arbeits- und Gesundheitsversicherungen, von Sozialversicherungen überhaupt. Oder ein Prinzip, das man vor dem Börsencrash 2008 entdeckt hat: Man kann auch den Ärmsten, die nichts mehr haben, außer vielleicht ein kleines Grundstück und ein billiges Haus, Kredite verschaffen, man kann also ein neues Schuldenobjekt erzeugen. Selbst wenn sie kein Geld zum Konsumieren haben, können sie immerhin noch Schulden machen, um den Konsum zu gewährleisten. Das sind alles erfinderische Methoden, um einer schwindenden Konsumentenklasse Konsumreservate zu eröffnen.

KLUGE: Sie sind aber alle endlich und führen sämtlich irgendwo in Richtung eines Bankrotts, wenn nicht etwas Neues von den Menschen erfunden wird. Betrachten wir die Medien, wie etwa ARD und ZDF, RTL und SAT1, die glauben, dass ihre Leiter und Redaktionen das Medium seien. Tatsächlich sind die Zielgruppen das Medium, und sie bestimmen durch ihre Anwesenheiten, durch Hergabe von Lebenszeit, von Aufmerksamkeit praktisch das Programm und sind Motor des Ganzen. Da sorgen schon die Werbeagenturen dafür, dass dieses Votum der Wähler die Basis des Mediums ist.

Das hat Herr Trump freiwillig oder unfreiwillig …

KLUGE: Bewiesen. Darin liegt natürlich eine große Entfremdung, denn wenn Sie nur auf die in Europa typischen Samstagsprogramme zurückgeworfen sind, sind Sie weit weg von dem, was die Evolution uns eigentlich mitgegeben hat. Sie sind im Grunde geistig wie auf einer Hühnerfarm tätig. Und Sie sind gleichzeitig nicht wettbewerbsfähig mit dem, was im Silicon Valley zirkuliert.

Was könnte das spezifisch Europäische sein, das innovativ wirkt, nicht nur auf Europa selbst, sondern auf die ganze Welt? Wie die Renaissance, die ja ihren Ursprung in Europa hatte. Was könnte das sein? Ist Europa dazu in der Lage?

KLUGE: Nehmen Sie ganz einfache Dinge. Die sogenannten Wunderkammern, die Wissenschaft und Kunst miteinander verbanden, waren neu in der Renaissance. Das Handwerk als frühe Industrie ist ein Produkt der Renaissance. Wenn Sie heute nichts weiter als alle Erfindungen der Renaissance, die das Mittelalter ablösen, wenn Sie das in das 21. Jahrhundert übertragen, haben Sie ein Arbeitsbeschaffungsprogramm der gigantischen Art. Das sähe großartig aus, das wäre wie eine Enzyklopädie.

VOGL: Europas eigene Geschichte war immer die Geschichte einer Peripherie. Europa ist ein Archipel, Europa ist ein Grenzgebiet. Es geht selbst heute ein Streit darüber, ob Europa eher im Mittelmeerraum oder im Raum der Hanse entstanden ist. Aber eines kann man sagen: Europa ist überall dort entstanden, wo es mit Bewegung, Migration, Verkehr, Zusammenstößen, letztlich mit kulturellen Fremdheiten zu tun hatte. Um nur ein Beispiel zu nennen: Eine der großen Pfropfungen, die in dieser Hinsicht stattfand, war jene zwischen islamischer Mathematik und norditalienischen Kaufleuten. So kam die Null nach Europa, so wurde die Buchführung geboren, und das ist die Renaissance. Aber die Renaissance ist keine europäische Erfindung, sie ist ein Kontaktphänomen.

Europa kann sehenden Auges Chancen verpassen, in dem es sich selbst als Zentrum und nicht mehr als Peripherie begreift. Dieses verschobene, verrückte Bewusstsein eines Europas, das immer Randzone war und das aus Randzonen Begegnungen, Austauschprozesse und Erfindungen generiert hat, ist die Chance.

KLUGE: Die Rolle von Ingenieuren ist nicht ausgeschöpft, sowohl in ihrer Zuverlässigkeit als auch Unzuverlässigkeit. Die sind sehr wagemutig, wenn sie mit dem Diesel-Auspuff operieren, in der Hoffnung, dass sie wiedergutmachen können, was sie gesündigt haben. Das ist Ingenieursstolz, der zur Hybris geworden ist. Wenn es Hybris gibt, gibt es auch den Gegenpol. Die Demut als die Senkung der Hybris ist eine ganz hohe Tugend, auch noch nicht ausgenutzt.

Was können wir noch alles? Wir haben einen Leibniz gehabt, der hat festgestellt, der Individualismus ist hermetisch. Wer sich auf sich verlässt, wer eine Monade ist, wer gewissermaßen bei sich ist, stellt das Elementare dar. Gerade weil jeder bei sich ist, sind alle zusammen etwas Reiches und Harmonisches. Leibniz ist jetzt dreihundert Jahre tot, aber immerhin ist der Computerwissenschaftler Alan Turing sein Nachfolger. Er ist sozusagen die Wurzel vom Silicon Valley. Leibniz und Turing jetzt zu übersetzen auf das 21. Jahrhundert wäre hochinteressant.

VOGL: Es gab einen großen Irrtum innerhalb Europas, der auf Europa zurückgefallen ist, dass nämlich einzelne Elemente, nehmen Sie das Frankreich Napoleons oder das Deutschland der verschiedenen Reiche, sich groß gemacht haben. Das Hegemoniebegehren in Europa war ein Experiment mit negativem Ausgang. Also ist Europa im Gegenteil vielleicht besser im Kleinmachen, auch von Technologien. Wir können ohne Probleme Silicon Valley nach Europa importieren, aber wir machen es kleiner. Dazu zählt auch das Eingeständnis, dass die Züchtung von Hybris und der damit verbundenen Hyper- der Metabolismen kein erfolgreicher Evolutionsweg ist.

KLUGE: Es gibt den berühmten Turm von Babel, aus Menschen gebaut, nämlich aus Lehm. Aus Lehm sind wir von Gott gemacht, und jetzt ist das in einem Turm verbaut und noch eine Einheitssprache darüber gesetzt, also Sprachverwirrung. Das ist ein ungünstiges, ein Hybris-Programm. Wie kann man heute eine neue Globalisierung entwickeln, einen großen Bau, flach und ohne einen Turm, der zerfällt. Das ist eine schöne Aufgabe, die man im neuen Humboldt-Forum in Berlin zur Fragestellung machen könnte. Im Vergleich dazu liegt auch die Hauptkraft von Patenten und Errungenschaften der deutschen Wirtschaft im Wesentlichen bei kleinen und mittelständischen Firmen. Ein Mittelbau, der gegründet ist auf Maschinenindustrie und dem Bewusstsein von Ingenieuren.

Interessanterweise sind das genau die Firmen, die durch chinesische Staatsunternehmen als besondere Horte der Innovation aufgekauft werden.

KLUGE: Da zeigen sich die Chinesen klug.

Um dann wiederum ein chinesisches Modell anzutreiben, das beansprucht, das nächste Jahrhundert zu bestimmen. Ist das nun mehr mit Hybris oder mehr mit Realismus verbunden?

VOGL: Das weiß man noch nicht. Zu den großen Rätseln der Wirtschaftsgeschichte zählt, dass im Ausgang des europäischen Mittelalters die chinesische Kultur wesentlich fortgeschrittener war als die europäische, der Kapitalismus aber dennoch in Europa entstanden ist.

KLUGE: Leibniz wollte eine Akademie in Europa errichten, nur aus Chinesen bestehend. Wir lernen davon.

VOGL: China war in den meisten Bereichen entwickelter, beim Geldwesen, in Schriftkultur und Technologie bis hin zum Schwarzpulver. Was hat das hochorganisierte und mit effizienter Verwaltung versehene Chinesische Reich einst daran gehindert, kapitalistisch zu werden? Und welche Form wird der neue, aggressive chinesische Kapitalismus annehmen?

Vielleicht haben Mittelständische Unternehmen in diesem großen ökonomischen Zusammenhang den Charakter eines Teilbaus. Sie widersetzen sich der Totalisierung eines Systems. Da könnte man einen Kafka-Text wieder lesen, *Beim Bau der chinesischen Mauer*. Das ist das Interessante an dieser chinesischen Mauer, die Kafka beschreibt, nämlich, dass die Leute an einem Gesamtbau so arbeiten, dass dieser Gesamtbau nie entstehen wird, dass nichts anderes als die Löcher dazwischen gebaut werden. Wie baut man ein Werk, das im Wesentlichen aus Löchern besteht? Wie verhindert man ein fertiges Werk? Interessanter Auftrag. Vorsicht vor der Vollendung eines Werks, lasst uns die Optionen, die Löcher, die Luft dazwischen erhalten. Ich glaube, das ist ein ergiebiger, auch industrieller Auftrag.

KLUGE: In den Löchern können Menschen leben. Auf der porösen Seite der Wirklichkeit regen und bewegen sich Menschen. Den Menschen kann man nicht produzieren, nicht planen, er gehorcht auch nicht.

VOGL: Ja, nur dann kann man sich auch bewegen. Ist ein Schachfeld mit Figuren vollgestellt, kann keiner mehr ziehen. Jedes Spiel muss Löcher entwickeln, damit Bewegung entsteht.

Das menschliche Wesen, leichtfertig in seinem Grund, von der Natur des auffliegenden Staubes, verträgt keine Fesselung; fesselt es sich selbst, wird es bald wahnsinnig an den Fesseln zu rütteln anfangen und Mauer, Kette und sich selbst in alle Himmelsrichtungen zerreißen.

Franz Kafka, *Beim Bau der chinesischen Mauer*, entstanden 1917

KLUGE: Ich bin optimistisch, dass sich die Kraft des evolutionären Schubs durchsetzt, die wir in uns tragen. Die Roboter sind die Letzten, die uns daran hindern. Außer in Drohnen ist in Robotern wenig Bösartigkeit eingebaut.

VOGL: Es ist aber auch wenig Gutartigkeit eingebaut.

KLUGE: Es ist Gleichgültigkeit eingebaut.

Werden also technische Systeme die menschlichen Fähigkeiten überflügeln können?

KLUGE: Das glaube ich nicht.

VOGL: Diese Vorstellung gehört zum Selbstverhältnis des Menschen dazu. Es gibt eine Eskalation des menschlichen Narzissmus, die in der Hoffnung besteht, dass er Maschinen erzeugen könnte, die ihn selbst abschaffen.

KLUGE: Es bleibt ein Selbstbewusstsein übrig, das diese Phantastik nicht gut findet.

VOGL: Oder auch ein notwendiger Seitenzweig dieser Gabe der Einbildungskraft: Sie ist wenig zuverlässig und vertrauenswürdig in der Beschreibung von tatsächlichen Zukünften.

Interview: Andrej Heinke

Lebenszeit gegen Geld

Ein Arbeiter in Frankfurt am Main
Hatte sein Leben in ein und
Demselben Betrieb verbracht /
Diese Fabrik wurde insolvent /
Die Belegschaft wurde entlassen /
Der Arbeiter besuchte eine Ärztin /
Er hatte heftige Magenschmerzen /
Die Ärztin verschrieb ihm Tabletten /
Ich habe die Tage meines Lebens
hergegeben, sagte der Arbeiter,
und als Gegenleistung
erhalte ich diese Tabletten /
Damit bin ich nicht einverstanden /
Er soll den Kopf nicht hängen lassen,
tröstete die Ärztin /
Auch für meinen Zorn reicht die Kraft
nicht mehr, antwortete der Arbeiter /
Das ist kein gerechter Tausch:
Lebenszeit gegen Geld /

EUROPA:
DAS UNBESCHRIEBENE BLATT

ÜBER DIE JUNGE VERFASSUNG FÜR EINEN SEHR ALTEN KONTINENT

VOGL: Jean-Claude Juncker hat kürzlich einen überaus interessanten Neologismus geprägt: Er hat vom Sofortismus gesprochen. Gemeint ist damit, dass ökonomische und insbesondere finanzökonomische Prozesse und deren Eskalation mit hoher Geschwindigkeit geschehen und schnelle Entscheidungsreaktionen verlangen. Man kann ganz grundsätzlich sagen, dass Entscheidungen gerade auf Finanzmärkten in letzter Konsequenz im Millisekundenbereich getroffen werden und eine gewisse Aggression oder Aversion gegenüber langsamen Prozeduren entwickeln, die in demokratischen, zivilgesellschaftlichen Prozessen nötig sind, um einen Abgleich von bestimmten Entscheidungsoptionen herzustellen. Die Angelegenheit entspricht ein wenig dem Gegensatz von Freund und Feind. Carl Schmitt sagte, die Feindkennung, die Identifikation des Feindes muss unmittelbar, schnell, umgehend geschehen. Hans Blumenberg hingegen hat mit der Frage nach einer Anthropologie der Freundschaft darauf hingewiesen, dass die Entstehung von Freundschaften Zeit benötigt. Der Freund tritt nicht mit einem Mal hervor, sondern Freundschaften entwickeln sich. Freundschaftsbeziehungen sind nicht ein für alle Mal gegeben, sondern formieren sich allmählich, brauchen Zeit. Feindschaft und schnelle Identifikation, Freundschaft und ein langer Kennungsprozess. Dieser Gegensatz lässt sich, glaube ich, auch auf die Zeitökonomien von demokratisch-politischen Prozessen einerseits und finanzökonomischen Operationen andererseits anwenden: Beschleunigung, Plötzlichkeit, Zeitnot im finanzökonomischen Regime und Langsamkeit, Langwierigkeit in demokratischen Abstimmungsverfahren.

KLUGE: Das ist also eine Entmündigung des Politischen. Ein zerstörtes Primat der Politik allein durch Zeitdifferenz, weil zwei Wirklichkeiten miteinander ringen. Das heißt, ein Europa der zwei Geschwindigkeiten wiederholt sich in dieser Form.

VOGL: Ja. Und das ist ein eminent strategisches oder taktisches Problem, das gerade in ökonomischen Ausnahmesituationen hervortritt – also in Krisen, bei Crashs, bei allem, was man seit 2008 erlebt hat und was vom Zusammenbruch von Lehman Brothers über die Frage der Euro-Rettung bis in die Gegenwart reicht. Diese Ausnahmesituationen verlangen dann auch außerordentliche Maßnahmen. Man könnte also von einer Notstands- oder Maßnahmenpolitik sprechen in diesem Zusammenhang.

KLUGE: Die meisten Konferenzen dieser Art beginnen am Freitag, werden nicht beendet an diesem Tag, gehen bis Sonntagabend, und eine Stunde, bevor in Tokio die Börsen eröffnen…

VOGL:… muss die Entscheidung getroffen sein. Wesentlich ist dabei, dass in diesen Situationen so etwas wie das allgemein Beste oder das Gemeinwohl definiert werden muss. Das liegt in der Nähe dessen, was man in einer langen Tradition der Staatsräson Staatsstreich, Coup d'État genannt hat. Ein Staatsstreich in diesem Verständnis würde sich nun dadurch auszeichnen, dass man in Ausnahmesituationen manche Partikularinteressen opfern muss; es müssen also beispielsweise die Interessen griechischer Rentner oder spanischer Arbeitsloser geopfert werden, um ein wie auch immer definiertes Gemeinwohl zu retten.

WAS HEISST SOUVERÄN?

KLUGE: Was heißt souverän?

VOGL: Souveränität ist wahrscheinlich eine der interessantesten politisch-rechtlichen Erfindungen des Abendlandes. Der Souveränitätsbegriff leitet sich von den lateinischen Adjektiven *superior* oder *superanus* ab, die eigentlich Komparative sind, das heißt, etwas ist nicht einfach hoch, sondern höher, höher gelegen. Der Begriff bezeichnet damit die Stelle in einem rechtlich bestimmten politischen Wesen, an der sich das Arkanum, das Geheimnis seiner Macht zusammenzieht oder verkörpert. Souveränität ist eine Agentur, die Regeln definiert, ohne ihnen zu unterliegen, die gewissermaßen außerhalb, oberhalb des Gesetzes steht und damit ihre eigenen Bedingungen diktieren kann. Carl Schmitt hat gesagt: Souverän ist, wer über den Ausnahmezustand entscheidet, derjenige, der über Krieg und Frieden entscheidet – also die Entscheidungsmacht, die in letzter Konsequenz die Geschicke eines Staates, eines Gemeinwesen bestimmen kann. Souveränität ist eine politische Schicksalsmacht.

KLUGE: Eine Seite, die die Souveränität des Staates begrenzt, ist die Familie. An meine Kinder darf der Staat nicht beliebig heran. Es gibt das Elternrecht, es gibt das Recht der Antigone …

VOGL: Ja. Und derjenige der dieses Recht bricht, ist der Despot.

KLUGE: Das ist Kreon. Das ist die eine Seite. Aber auch ein Gegner, ein Feind von außen darf nicht einfach eingreifen. Das ist eigentlich eine Errungenschaft. Gerade kleine Länder mit

Souveränität, Luxemburg beispielsweise, haben eigentlich einen Charme.

VOGL: Ja. Man darf nicht vergessen, dass die Souveränitätskonzepte, die schubweise nach den Religionskriegen in Europa, auch nach dem Dreißgjährigen Krieg, entstanden sind, ein Schreckbild, ein Gegenbild besitzen: nämlich den Bürgerkrieg. Der Souverän definiert sich auch durch die Beendigung des Bürgerkrieges. Es ist eine wesentliche Aufgabe des Souveräns, den Bürgerkrieg aus den Territorien des eigenen Landes fernzuhalten. Aber es kommt noch etwas anderes hinzu: dass etwa nach 1648 große Landstriche Europas im Elend versunken und entvölkert waren, und vor diesem Hintergrund hat sich mehr und mehr auch die Frage nach einem ökonomischen Regieren, nach einem Regieren durch Ökonomie gestellt …

KLUGE: … damit eine Fülle von Gärten entstehen konnte, von Agrikulturen über Manufakturen bis zu Universitäten. Das ist die klassische Landschaft von souveränen Staaten. Aber im Heute scheint es, dass der Untergrund eines Landes davonschwimmt. Das Geld bekommt Beine und geht außer Landes. Der griechische Schuldenberg ist in Schweizer Banken, in Häusern in England, auf Schiffen, die auf den internationalen Meeren fahren, entstanden. Auch die Menschen lassen sich nicht in einem Land festhalten, das hat die DDR versucht. Es gibt Bewegungen wie bei einer Sandbank, die sich an der Küste verschiebt, eben konnte man darauf laufen, jetzt nicht mehr, nach dem Sturm schon gar nicht. Oder die Bewegungen, Strömungen im Grundwasser wären das eigentliche Land. Das wäre die Globalisierung.

VOGL: Das sind vielleicht noch nicht unbedingt Globalisierungsprozesse, aber es sind, etwas umständlich ausgedrückt, Prozesse der Deterritorialisierung. Es finden Distanzeffekte statt. Beispielsweise steigen im 16. Jahrhundert auf den niederländischen Warenbörsen die Preise für Schafswolle. Das führt dazu, dass man in England ganze Gebiete einzäunt, einhegt, Pächter vertreibt, Bauernhütten abbrennt.

KLUGE: Die Bauern gehen in die Stadt.

VOGL: Sie werden erst an die Küste vertrieben, stehen dann als freigesetzte Arbeitskräfte zur Verfügung, ganze Landstriche werden entvölkert. Und es entsteht das, was wir heute Englischer Garten nennen.

ÖKONOMISCHE FERNWIRKUNG

KLUGE: Aber mit einer Fernwirkung.

VOGL: Mit einer ökonomischen Fernwirkung. Gleichzeitig besteht ein großes Problem in der geographischen wie in der historischen Abgrenzbarkeit. Was insbesondere Europa betrifft: Beginnt Europa im Ural, in Byzanz, an der Westküste Islands oder in Zypern?

KLUGE: Zypern gehört geographisch zu Asien.

VOGL: Und es verweist auf die Ausfransung der Grenzen: Während Zypern zu Asien gehört, singt Israel beim Eurovision Song Contest mit.

KLUGE: Könnten Sie mir diese Grenzen Europas einmal nach ihren Eigenheiten umschreiben? Da ist eine sehr zerklüftete

Küste, ein großer Teil der Grenze ist Meer, mit Ankömmlingen bei Gibraltar aus Afrika. Dann gibt es die ehemaligen k.-u.-k.-Grenzen, teils in der EU liegend, teils außerhalb, auch die sind eine Realität.

VOGL: Sie sind eine Realität, die immer auch dramatischen Charakter hatte.

KLUGE: Erzählerischen Charakter.

VOGL: Man könnte sogar davon sprechen, dass dieses eigentümliche k.-u.-k.-Reich deswegen besonders europäisch war, weil alle möglichen äußeren Grenzen auch innerhalb dieses Landes erkennbar waren. Die österreichische Militärmusik hat türkische Elemente, Janitscharenmusik beispielsweise…

KLUGE: … vom Gegner genommen.

VOGL: Ja. Dieses Staatengemisch wurde über lange Zeit hinweg eigentlich von Militärkapellen zusammengehalten, die in den verschiedenen Garnisonsstädten…

KLUGE: … die Platzkonzerte spielten, in kleinen Tempelchen an der Kurpromenade. Und Gustav Mahler, Komponist avancierter Musik, sitzt begeistert davor und pflanzt Elemente davon in seine Sinfonien ein. Dort haben sie eine moderne Wirkung.

VOGL: Tanzlieder, in die Sinfonien eingebaut. Und auch die österreichische Operette ist gewissermaßen in diesem eigentümlichen politischen Geflecht, in dieser Vielvölkerei erprobt worden. Gleichzeitig gibt es aber noch andere Formen des Wiedergängertums, denken Sie etwa an diese fluktuierenden Grenzen gegen Osten, den Karpatenbogen beispielsweise, die lange Zeit durch sogenannte Wehrbauern befestigt worden sind. Soldaten wurden sesshaft gemacht, sie sollten gegen die Türken eine gewisse Verteidigungslinie bilden...

KLUGE: ... um eine Grenze zu verewigen.

VOGL: Aus diesen Gebieten stammen nun die eigentümlichsten europäischen Sagen, beispielsweise die über Vampire, Dracula. Dracula ist in einer gewissen Weise ein...

KLUGE: ... ein Errichter Europas.

VOGL: Ein Zeuge von unscharfen Grenzzonen. Oder die im 18. Jahrhundert umgehenden Vampirseuchen. Man konnte sich in diesen Grenzgebieten anstecken und untot werden. Von Wien aus wurde eine regelrechte Seuchenpolitik dagegen betrieben.

KLUGE: Wenn wiederum, durch den Demetrius meinetwegen, einen Prinzen aus Polen, der Zarenthron in Russland bedroht wird – und das mehrmals, im Jahre 1921 noch einmal –, trennt eine Grenzziehung mitten in Europa Russland, das Baltikum und Polen definitiv voneinander.

EUROPA IST AUF EINER LANDKARTE NICHT WIRKLICH ABBILDBAR

VOGL: Es ist sehr schwer, in Europa gerade und durchgehende Grenzlinien zu ziehen. Wollte man ein politisches Diagramm Europas erstellen, würden wahrscheinlich verschiedene Territorien völlig anders geordnet, als sie sich auf der Landkarte wiederfinden. Europa ist eigentlich auf einer Landkarte nicht wirklich abbildbar. Man könnte bestenfalls sagen: Europa ist ein Archipel. Und der Verkehr innerhalb Europas ist ein Verkehr innerhalb eines Archipels. Man durchmisst ein politisches Patchwork mit fluktuierenden Grenzen.

KLUGE: Wenn Sie sagen würden: Ich bin ein Europäer, was empfinden Sie dabei? Kennedy hat gesagt: Ich bin ein Berliner. Es ist gar nicht so einfach, sich in dieses Wort einzufinden. Mir persönlich liegt es näher zu sagen: Ich bin ein Europäer, als: Ich bin ein Deutscher. Das weiß ich ja ohnehin, dass ich Deutscher bin. Der Satz: Ich bin Europäer wäre eher ein Bekenntnis zu einem neuartigen Patriotismus hin.

VOGL: Der Satz »Ich bin ein Europäer« zeichnet sich dadurch aus, dass er bestimmte attributive Verdichtungen minimiert. Das heißt, ein Europäer hat nicht ein Mehr an Merkmalen, ein Mehr an klaren Auszeichnungen, sondern eventuell ein Weniger. Einer, der »Ich bin Europäer« sagt, hat nicht ein Mehr an Ich, dass ihn autochthon verwurzelt…

KLUGE:… sondern er hat eine zusätzliche virtuelle Eigenschaft, aus der sich etwas Schönes entwickeln ließe.

VOGL: Diese hat aber, glaube ich, auch etwas mit einer konstitutiven Schwäche zu tun. Der Satz »Ich bin Deutscher« hat trotzige Bekenntnisform, der Satz »Ich bin Europäer« nimmt das Trotzige eines Bekenntnisses zurück.

KLUGE: Die ganzen Wunden der Nationen und auch die Schuld, die dort vereinigt ist, sind ein hoch belastetes Konto.

VOGL: »Ich bin ein Deutscher« ist ein dogmatischer Satz und politisch orthodox. Der Satz »Ich bin Europäer« dagegen ist

Ausdruck einer fliehenden politischen Orthodoxie, er schwächt Orthodoxie und höhlt dogmatische Residuen gewissermaßen aus.

KLUGE: Wie ein freies Gelände, wie ein Jahrhundert, das vor einem liegt. Eine Illusion, aber eine sehr positive.

VOGL: Genau. Jemand, der »Ich bin Europäer« sagt, ist einer, der vielleicht eher ein Versprechen gibt, als jemand, der etwas konstatiert. Das Verb »sein« heißt hier nicht, ich bin aus diesen und jenen Elementen zusammengesetzt, sondern: Ich möchte etwas werden.

KLUGE: Bewegen wir uns einmal in der Ägäis. Wie würden Sie da die Grenze zwischen Europa und Asien ziehen?

VOGL: Ich würde es mit einem Beispiel versuchen. Denken Sie etwa an die Insel Patmos, kurz vor der Westküste des Vorderen Orients.

KLUGE: Der junge Johannes hat dort geschrieben.

VOGL: Exakt. Dieser Johannes, nicht der Apostel, sondern der Johannes der Apokalypse, hat damit ein recht eigentümliches Werk zustande gebracht, das die Situation auf der ägäischen Insel Patmos, einer römischen Strafkolonie, vielleicht charakterisiert: Die *Offenbarung des Johannes* verdichtet auf der einen Seite eine christliche Heilslehre, das Jüngste Gericht, die ewige Verdammnis, die sieben Siegel, die Erlösung der Gesegneten und die Verdammung der Sünder. Auf der anderen Seite ist dieses Buch vollgesogen mit heidnischen Elementen, mit heidnischen Symbolen, Tierfiguren. Da mischen sich heidnische Volksmythologien mit…

KLUGE: ... Mesopotamien, dem Hellenismus, dem Judentum und dem Christentum.

VOGL: Genau. Dieser spät kanonisierte Text des Christentums stellt einen Synkretismus her, er verbindet den israelischen Gott mit dem christlichen und beide wiederum mit heidnischen Elementen.

KLUGE: Er verbindet die Apokalypse mit der Gegenwart und mit allen Vergangenheiten, mit den Äonen, das wäre sehr europäisch.

VOGL: Und damit zeichnet sich Europa eben auch als Grenzland aus. Europa ist ein Land, das, wenn es Grenzen kennt und über Grenzen nachdenkt, sie immer als etwas Unbestimmtes und nicht selbstverständlich Definiertes begreifen muss.

KLUGE: Wenn Sie jetzt die Schweiz analysieren: Sie gehört nicht zur EU und hat keinen Euro, aber wir würden sie doch beide europäisch nennen. Sie hat eine Kantonalverfassung und das heißt, die Wähler, die Rechtssubjekte, wie in der Französischen Revolution vorgesehen, aber auch wie im Mittelalter selbstverständlich, bilden den Abstimmungskörper und können in Kantonen noch zum Beispiel die Einführung des Euro in der Schweiz verhindern.

VOGL: Also ich glaube, dass die Schweiz für uns aus dieser Perspektive zunächst einmal...

KLUGE:... das europäischste Land ist, das ich kenne.

VOGL: Und ein großartiger Imaginationsraum, der in der Geschichte des politischen Europas immer wieder ausgebeutet wurde. Schillers *Wilhelm Tell* ist ein Beispiel dafür. Es ist ein Revolutionsstück, ein Stück über die Entmachtung des Tyrannen, das nicht zufällig in einer Schweiz angesiedelt ist, die letztlich phantastischen Charakter hat. Wir befinden uns im ausgehenden Mittelalter, Völkerscharen ziehen durchs Land, die Schweiz ist noch nicht konstituiert, und in dieser Situation wird die Legende von Wilhelm Tell plötzlich zu einer Geschichte, in der Schiller noch einmal die Französische Revolution reflektiert.

KLUGE: Aber er schildert ihn als konservativen Helden.

VOGL: Natürlich. Aber es ist nichtsdestoweniger ein fast melodramatisches politisches Theater, das beispielsweise den bayrischen König Ludwig II. dazu veranlasst hat, die Rütlischwur-Szene auf der entsprechenden Bergwiese immer wieder neu spielen zu lassen, bis die Schauspieler erschöpft waren. Er konnte sich als König nicht satt sehen an dem Ritual eines Schwurs zur Entmachtung des Tyrannen.

IN DER SCHWEIZ SIND DIE BAUERNKRIEGE VERMIEDEN WORDEN

KLUGE: Das ist sozusagen der europäische Kern. Die Bauernkriege sind dort vermieden worden durch Einigungen zwischen den Städten, mittels der Kantonalverfassung, die das Gegenteil jeder balkanischen Nationalbildung ist. Die Schweiz wäre ein Attraktor Europas, ein Konzentrat, ein Ausstellungsstück Europas – wo 1870 eine von der preußischen Armee geschlagene französische Armee den Grenzübertritt machen kann und in Sicherheit ist, wo das Rote Kreuz sitzt und die meisten Friedenskonferenzen, die je Erfolg hatten, stattgefunden haben. Wie ein europäisches Dampfschiff mit den Grand Hotels im Engadin, in Zürich und Genf.

VOGL: Man kann in einer Art politischer Reisetätigkeit nachzeichnen, inwieweit sich verschiedenste Leute dort ein Stück Europa abgeholt haben. Rousseau hat auf einer Schweizer Insel seine glücklichsten Tage erlebt, und natürlich sind wesentliche Inspirationen des *Gesellschaftsvertrags* mit der Schweiz und der schweizerischen Verfassung verbunden. Kleist hatte kurzfristig die Idee, als Bauer in die Schweiz zu gehen.

KLUGE: Er wollte Schweizer werden.

VOGL: Als ob es da ein anderes und besseres Europa, auch politisches Europa geben würde. Oder denken Sie an den Ersten Weltkrieg, wer sich alles in der Schweiz versammelt hat, Lenin war in der Schweiz. Die Schweiz war eine eigentümliche Sekuritätszone. Auch das war mit dem Imaginationsraum gemeint: ein Raum, aus dem man sich immer wieder Bruchstücke einer möglichen europäischen Verfassung herausgeholt hat.

KLUGE: Nennen wir es Fragment der Identität Nr. 1.

VOGL: Oder nennen Sie es einen politischen Erholungsraum. Oder auch Garten Europas. Es sind immer wieder die Gärten, die dort aufgesucht werden.

KLUGE: Würden Sie mir jetzt einmal aufzählen, welche Probleme sich in Europa bisher durch die Nationalstaatlichkeit als unlösbar erwiesen haben und welche Herausforderung, welche Aufgabe es für Europa bedeuten würde, wenn man die Nationen vereinte. Aber es wäre ein wichtiges Akzidens und ein Grund für Europa, wenn unlösbare Probleme wie die des Baskenlandes oder wie Nordirland in Europa aufgehoben sein könnten.

VOGL: Ich würde die Frage gern ein wenig verdrehen und sagen: Europa zeichnet sich zunächst einmal dadurch aus, dass es ein Kontinent, auch ein politischer Kontinent ist, der sich eher durch das Fortleben von Problemkonstellationen als durch flagrante Lösungen definiert. Europa lebt durch den Transport von Aufgaben und Problemen. Um ein Beispiel zu bringen: Wahrscheinlich lässt sich eine der Geburtsstunden des modernen Europas auf den Westfälischen Frieden, auf das Ende des Dreißigjährigen Kriegs datieren und damit auf eine Konstellation, in der verschiedene Universalismen – des Heiligen Römischen Reichs, der Katholischen Kirche – endgültig zerbrochen sind. Und kollabierende Universalismen hinterlassen Problemlandschaften, setzen Kräfte frei, theoretische und praktische Fragen für das Selbstverständnis politischer Ordnung.

KLUGE: Und jetzt entstehen daraus mindestens eine europäische Wirtschaft und eine europäische Kultur, nicht unbedingt ein europäischer Staat.

VOGL: Und damit taucht ein weiteres Problem auf, das das 17. und 18. Jahrhundert beschäftigt hat und bis heute eine große Rolle spielt und das in den Begriffen der Zeit ›Gleichgewicht der Kräfte‹ heißt. Europa ist etwas, das sich nicht an dieser oder jener Stelle monopolisieren lässt, sondern etwas, das sich als eine sehr fragile Balance politischer Kräfte herzustellen hat – alle imperialen Experimente sind katastrophal gescheitert. Es kommt spätestens seit dem 19. Jahrhundert ein drittes Problem für Europa hinzu, das insbesondere seit der Finanzkrise, seit der Eurokrise und im letzten Desaster von 2020 noch einmal scharf gestellt wurde und das man auf den

Nenner bringen kann: Europa existiert nur unter der Bedingung, dass es eine deutsche Vorherrschaft verhindert, dass Deutschland selbst sich aller hegemonialen Versuchung enthält.

KLUGE: Ist es richtig, dass man jetzt sagen müsste: Hätten wir die DDR nicht angeschlossen, hätte die Bundesrepublik eine Größe die zu den anderen europäischen Ländern gut passt?

VOGL: Ja. Eine europäische Dosierung, eine europäische Darreichungsform.

KLUGE: Dann hätte man hier eine Brüssel direkt unterstellte Verwaltung, eine kapitalistische Republik, eine zweite Schweiz namens DDR. Das wäre nach dem sogenannten Saarstatut nach dem Grundgesetz zulässig gewesen. Das wäre (unter Erhaltung eines Teils der industriellen Struktur der ostdeutschen Länder) die glücklichere Lösung geworden.

VOGL: Vielleicht besser noch: das glücklichere Projekt, unter Zubilligung der Tatsache, dass es hier kein Einheitsformat gibt.

WAS WÄRE EIN EUROPÄISCHER PATRIOTISMUS?

KLUGE: Wie würden Sie einen europäischen Patriotismus begründen, aus dem, was Sie beobachten können?

VOGL: Ich würde den Begriff des Patriotismus gerne einklammern, weil man mit ihm der Feier gemeinsamer Abstammung, also des Nationalen im wörtlichen Sinn nicht entkommt.

KLUGE: Dann könnten Sie Mutter Europa nicht genügend feiern und nicht warmherzig davon sprechen.

VOGL: Aber die Mutter Europa ist doch im Begriff des Patriotismus, der auf das Vaterland, auf die Vaterlandsliebe zurückgeht, gar nicht enthalten. Und selbst wenn man eine schöne politische Seele besitzt, die über europäische Vielfalt, über gesamteuropäische Gewerkschaften, Sozialpolitik oder Rechtstaatlichkeit, über Europa als Wiege der Demokratie und zivilisatorischer Errungenschaften zu schwelgen vermag, wird man den Brandherd Europa nicht vergessen können, der seine Grausamkeiten und Selbstzerfleischungen auch mit großem Erfolg exportiert hat. Insofern würde es mir schwer fallen, im Begriff eines europäischen Patriotismus etwas anderes als einen gut gemeinten Selbstwiderspruch zu bemerken.

KLUGE: Aber eine Zuneigung zu Europa – und zwar nicht zu einer Idee von Europa, sondern zu der wirklichen Praxis Europa, wie Jürgen Habermas sie zum Beispiel offenkundig empfindet – hätte doch nichts zu tun mit dem vergangenen Europa, mit dem bisherigen Europa; sie würde auch nichts von der Vergangenheit aufgeben oder leugnen, sie würde vielmehr von dieser materiellen Substanz ausgehen und Europa wie ein unbeschriebenes Blatt behandeln. Könnte man das sagen?

VOGL: Womöglich, ja. Aber wenn man dieses Europa dann als Projekt, als politischen Möglichkeitsraum begreift, sollte man die verpassten europäischen Gelegenheiten nicht vergessen. 1989 und 1990 war so eine verpasste Gelegenheit, man hatte sich für eine deutsche Großnation und nicht für Europa entschieden. 2010 und 2011 war eine verpasste Gelegenheit, man hatte sich für die Durchsetzung eines Finanzregimes, aber nicht für die Gemeinsamkeit europäischer Populationen entschieden. Und die letzte verpasste – sehenden Auges verpasste – Gelegenheit war die Pandemie von 2020: Europa hat sich in eine Thanatokratie verwandelt und ganze Länder, Italien, Spanien, zunächst sich selbst überlassen.

Im Jahrhundert der Pest
Wohnte ein Mann zu Bow, nördlich von London
Bootsführer, mittellos, ohne Ansehen, aber
Treu den Seinen. Umsichtig auch
In der Treue.
Aus den Städten unten
Wo die Pest war
Schleppte er das Essen aufwärts
Zu den Wohlhabenden Ängstlichen
Auf ihren Schiffen
In der Mitte des Stroms.
So nährte ihn die Seuche.
Aber in der Hütte
Bei der Frau mit dem Vierjährigen
War die Pest auch.
Und jeden Abend brachte er einen Sack Lebensmittel
Frucht eines Tages, vom Fluß herauf an einen Stein, hundert
Schritt von der Hütte.
Dann, sich entfernend, rief er die Frau. Beobachtend
Wie sie den Sack aufhob, jede ihrer
Bewegungen aufmerksam verfolgend
Stand er noch einige Zeit
In der sicheren Entfernung
Und erwiderte ihren Gruß.

Heiner Müller, *Hundert Schritt (nach Defoe)*, frühe 1950er Jahre

---

KLUGE: Wäre es eine Idee, dass wir alle wechselseitig unsere Sprachen erlernen, eine Art Erwachsenenbildung, die uns auf die Höhe von Europa und der Gegenwart bringt?

VOGL: Ja, wenn man das auch bildlich nimmt: Europa lebt von Übersetzern, ist ein Übersetzungsprojekt…

KLUGE: So, wie die Französische Revolution Anwälte und Journalisten brauchte, brauchen wir eine Armada an diesen Unterscheidern, Übersetzern, Hin- und Her-Trägern.

VOGL: Wie das Europäische Parlament, der Europäische Rat, das sind ja dauerhafte Pfingstwunder mit ihren Heeren an Übersetzern.

KLUGE: Aber die übersetzen nur die Sprache und die Papiere, die Dokumente. Sie müssten auch noch die Absichten, die Gründe, die Intimitäten, die Besonderheiten mit übersetzen. Und wir bräuchten meinetwegen 420.000 ausgebildete Heiratsvermittler und Heiratsvermittlerinnen mit Sitz in Zürich und Stockholm, die alles durchmischen.

VOGL: Dennoch: wo hört man eigentlich eine Sprache, die europäisch sein könnte? Sicher nicht im Hochdeutschen. Vielleicht eher in der ›Kanak-Sprak‹?

KLUGE: Ein Mann aus der Vendée spricht mit jemandem von der Schwäbischen Alb, und das muss nicht ins Englische übersetzt werden, um sich zu verständigen.

VOGL: Und schon die Etymologien, die ganze Kultur von zirkulierenden Lehnwörtern und Fremdwörtern sind ja voller geographischer Abdriften und Verwirrungen, da gibt es wenig Bodenständigkeit und wenig Treue zum heimatlichen Grund.

Man fängt irgendwo zu bohren an, sucht nach Wurzeln und kommt wie durch ein Tunnel dann ganz anderswo heraus.

OSMOSE DER ERFAHRUNGEN

KLUGE: Und so ähnlich wären die Wege von Erfahrungsosmosen, von kommunizierenden Geschichten wie kommunizierenden Gefäßen. Und zwar in der konkreten Ebene, in den konkreten Regionen, die von keiner Partei im Einzelnen berücksichtigt werden und deswegen auch nicht im Brüsseler Parlament vertreten sind. Also nehmen wir einmal an, Graubünden, Schottland, Mecklenburg, Katalonien haben einen ähnlichen Mangel an industrieller Struktur, sie haben Besonderheiten der gediegenen Art, von dem Regen in Schottland, der Whisky hervorbringt, bis zu den Skigebieten und den Hotels in Graubünden; man kann gar nicht übersehen, wie hier die Eigenheiten hinübergleiten, sich verbünden, sich abwandeln und variieren.

VOGL: Politische Verwandtschaften der elementaren Art…

KLUGE: Dann wären Lyon, Stuttgart und Mailand mit ihren jeweiligen Industriezonen ein Dreieck, das sich durch Vielfalt und industriellen Reichtum vom Boden Europas abhebt. Und so könnte man weitersuchen. Das heißt, wenn man auf dieser Reise die Affinitäten einsammelt…

VOGL: … dann würde man feststellen, dass…

KLUGE: … Europa reich ist, sich nach Innen multipliziert.

VOGL: Auch in seinen Konflikten. Man könnte dann beispielsweise bemerken, dass Griechenland für Deutschland das wäre, was Berlin für Bayern ist. Politische Fraktale.

KLUGE: In dem einen Land hat man möglicherweise nicht die Lösung für seinen Ballungsraum Stuttgart oder den Bahnhof dort, aber es kann sein, dass eine Schwester und eine Ärztin aus einem Kreiskrankenhaus in Mecklenburg im Bundeskabinett Ratschläge geben könnten, wie man die Stuttgarter Krise löst.

VOGL: So wie sich in Griechenland oder Portugal ein Krisenwissen akkumuliert hat, das man in München, Berlin oder Brüssel noch gar nicht angehört hat. Auch das eine Sache für Übersetzer und Transporteure. Noch in den zwanziger Jahren wurden solche Krisen, die eskalierenden Ungleichheiten in und zwischen den Ländern so gelöst …

KLUGE: … dass ein Krieg angezettelt wurde, dass die Aggression nach draußen geht. Auch jetzt ist nicht sicher, dass das 21. Jahrhundert nicht so entgleist wie das 20. Jahrhundert. Aber vielleicht könnte man sagen: Die besondere und neue Rechtsqualität, die in der ursprünglichen EU, in der Europäischen Gemeinschaft enthalten ist, wäre eine so hohe Tugend, dass sie auch Auswege bereithält und die nötige Zeit dafür produzieren kann.

VOGL: Dann bliebe die Frage bestehen: Was würde es bedeuten, eine Rechtsunion zu erhalten, wenn die ökonomische Union nahezu zerbricht?

KEINE MACHT FÜR NIEMAND

MACHTTECHNOLOGIEN IM 21. JAHRHUNDERT

Autorität, Potential, Gewalt, Charisma, Formulierungshoheit sind Ausdrücke für verschiedene Formen der Herrschaft / Im 21. Jahrhundert erweisen sich ALLE Formen der Herrschaft als BRÜCHIG / Die Macht wird asymmetrisch, abstrakter und in ihre Elemente auseinandergerissen / Über das Inventar der Macht

KLUGE: Was muss man sich unter dem Wort Macht vorstellen?

VOGL: Das Wort Macht ist ein sehr schwerfälliger Singular, und deswegen überfordert der Begriff wohl die Vorstellungskraft. Ich denke, man sollte Macht zurückübersetzen in den Plural, in *Mächte*: Je genauer man sich ansieht, was Macht sein soll, desto mehr zerstiebt sie in alle möglichen Himmelsrichtungen, in Teilmächte, unterschiedliche Machtformen. Von Macht zu reden heißt eigentlich, über Mächte, über Machtvariationen zu reden.

KLUGE: Elemente der Macht.

VOGL: Elemente von Mächten, Elementarmächte.

KLUGE: Es gibt im Lateinischen ganz verschiedene Ausdrücke dafür. Augustus würde von *auctoritas*, Autorität, sprechen: Ich habe selbst keine Macht, ich bin nur der erste Bürger, und man achtet mich, deswegen wird man schon so handeln, wie ich es mir vorstelle. *Potentia* wäre ein anderer Begriff.

VOGL: Das ist ein anderer Begriff, im Griechischen entspricht dem *dynamis*: ein Vermögen, etwas bewirken zu können. Das ist ein sehr spannungsvoller Begriff, denn ein Vermögen zeichnet sich dadurch aus, etwas tun und etwas unterlassen zu können, etwas ins Sein zu bringen oder nicht ins Sein zu bringen, etwas zu bewirken oder nicht zu bewirken. *Potentia* wäre demnach eine Machtform, die auch in der Perspektive einer gewissen Zurückhaltung oder Selbstzurückhaltung gezeigt wird.

KLUGE: Die Macht eines Kaisers würde man als Imperium beschreiben.

VOGL: Imperium ist mit Befehlsgewalt verbunden und damit zugleich mit einem ganzen System von Leitungen und Kanälen sowie mit der Frage, wie Befehle übertragen werden können.

KLUGE: Straßen, Boten, Denkmäler, Gesetze …

VOGL: Die Bereitstellung einer Infrastruktur für Befehlsflüsse. Das Römische Imperium etwa war einschließlich seines postalischen Verkehrs, einschließlich seiner Poststationen, einschließlich der Möglichkeit, das Kaiserwort bis in die letzten Provinzen zu übertragen, als Infrastruktur angelegt.

KLUGE: *Vis* wäre die einfachste, primitive Form.

VOGL: *Vis* ist vielleicht eine primitive Form, wobei primitiv nicht »einfach« bedeutet. Der Begriff ist sehr komplex, weil *vis* als Kraft, als physikalische Größe, als physische oder körperliche Stärke, immer auch mit einem bestimmten symbolischen Horizont verbunden ist: zum Beispiel der Stärkere zu sein, und das heißt gleichzeitig, Ansprüche zu erheben, etwa den Anspruch auf die Gründung einer Dynastie, Anspruch auf die

Fortzeugung einer Dynastie. Körperliche Stärke, wie einstmals im Feudalwesen, war unmittelbar mit einem symbolischen Vermögen verknüpft. Ohne Stärke, ohne die Manifestation von Stärke, ohne die Fähigkeit, jemanden überwältigen zu können, kein Zugewinn an symbolischer Hoheit. Das zeigte sich etwa in archaischen Gerichtsverfahren, im Gottesbeweis oder Ordal, in der Gestalt von Zweikämpfen, Feuer- oder Wasserproben: Der Stärkere, der Überlegene, der Durchhalter hat dann auch die göttlichen Mächte auf seiner Seite, kann sie für sich entscheiden lassen.

KLUGE: *Dicio* heißt es in der vierten *Philippischen Rede* bei Cicero: die Herrschaft über das Wort.

VOGL: Es ist dort von der Macht des Imperiums die Rede. Man könnte *dicio* vielleicht auch übersetzen als Spruchmacht, aber da gibt es etymologische Querelen. Oder als Botmäßigkeit, was im Grunde bedeutet, dass diese Spruchmacht oder die Herrschaft über das Wort einen eigentümlichen Schattenwurf hat, dass sie nämlich zum Gehorsam auffordert. Herrschaft über das Wort zu haben, *dicio* zu haben heißt, Gehorsam erwarten zu können. Das könnte die spezifische Machtform dieser *dicio* sein.

KLUGE: Was wäre für Sie die langfristigste Form von Macht, die sozusagen die Potenz hat, lange zu dauern, nachhaltig zu sein?

VOGL: Die Frage der Macht ist immer eine Frage der Nachhaltigkeit, eine Frage danach, wie sie sich selbst reproduzieren kann. Die dauerhafteste Form von Macht wäre eine, die eine besondere Intelligenz im Umgang mit Zeit und Zeitformen entwickelt hat, die sich nicht von der Zeit abhängig macht, sondern die sich die Zeit unterwirft. Machthaben bedeutet dann beispielsweise, geduldig warten zu können, um eine Gelegenheit zu ergreifen, auf den Zufall, auf den Glücksfall, auf den glücklichen Umstand zu warten, auf das Gelegenheitsfenster.

KLUGE: … die Zufälligkeiten zu sammeln, einfangen wie ein Fischer, *fortuna* zu sammeln.

VOGL: Ereigniskapazitäten sammeln, Zeit kapitalisieren, Zeitspeicher anlegen. Intelligente Macht verhält sich zu zeitkritischen Prozessen, kann dabei unterschiedliche sanfte oder aggressive Formen annehmen, Vorsehung, Vorsorge, Prävention. Wie überlebt man, indem man mögliche Wechselfälle, Risiken, Gefährdungen vorwegnimmt?

KLUGE: Wie würde man eine Machtform bezeichnen, die im einen Moment etwas erzwingt, aber schon eine Minute später vorüber ist. Das gibt es in der Komödie: Gerade noch hat der Diener sich vor seinem Herrscher zu Boden geworfen, und im nächsten Augenblick macht er ihm eine lange Nase.

VOGL: Vielleicht müsste man sie sklerotisch nennen, noch intakt, aber, wie in der Komödie, schon in ihren Sollbruchstellen erkennbar. Die lange Nase des Knechts wäre so eine Bruchlinie, zum Spaß des Publikums. Und vielleicht haben solche Machtformen neben dem komischen auch einen gefährlichen Aspekt, nämlich ein geringeres Verlangen oder Vermögen, etwas wie *violentia*, Gewalttätigkeit, zurückzuhalten: die ungestüme, aufbrausende, mutwillige, entfesselte Seite der Macht. Das Komische und das Gewalttätige grenzen dann aneinander, zum Beispiel in der Groteske wie bei König Ubu von Alfred Jarry: eine gefräßige, machtbesessene, massakrierende Figur.

KLUGE: Dann könnte man nicht von einem wütenden Gott sprechen, das wäre kein Gott mehr. Man kann vom Zorn Gottes sprechen, aber Zorn ist ein anderes Gefühl als Wut.

VOGL: Ja, der Zorn Gottes ist eng mit dem alttestamentlichen Interventionsgott verbunden, der im Zorn sein Gesetz, im Gesetz aber auch seinen Zorn verhängt. Später, neutestamentlich und etwas systematischer taucht das dann in der Offenbarung des Johannes auf, in den Schalen des Zorns, mit denen die Welt verbrannt wird. Aber dieser Gotteszorn ist kein Gefühl, daran gibt es nichts Psychologisches, nichts Menschliches wie in der Wut.

KLUGE: Man kann Zorn stauen, man kann auch mit Zorn zielen, aber Wut ist ein plötzlicher Ausbruch von Gewalt.

VOGL: Die bloße Androhung des Zorns, die im Zorn angedrohte Vernichtung ist wohl ein effektives, auch göttliches Machtmittel. Dagegen hat man der aufbrausenden Wut, dem Jähzorn umgekehrt immer wieder einen fatalen Selbstverlust, einen Verlust an Macht über sich selbst attestiert. Von Platon wurde berichtet, dass er einmal in Begriff war, einen ungehorsamen Sklaven zu strafen, dann mit erhobener Hand erstarrte, um damit an sich selbst die Strafe gegen den Jähzorn zu vollziehen.

KLUGE: Bei einem König ist es doch dasselbe: Ein wütender König hätte sich eigentlich entlarvt.

VOGL: Ja, deshalb wird er häufig auf die Seite der Dummheit geschlagen.

IMPLOSION DER MACHT

KLUGE: Das wäre also eine Implosionstendenz der Macht. *Vis consilii expers mole ruit sua*: Macht ohne Rat fällt durch eigene Wucht. In der eigenen Gewalt wäre eine nicht gezielte, nicht verständige Machtballung zum Zusammenbruch verurteilt.

VOGL: Sie verspielt ihr Kapital. Während man die Wut seit Seneca, seit dem Stoizismus als einen Affekt versteht, der sich nicht verstecken lässt, der regelrecht zum Selbstausdruck drängt, besteht ja ein wesentliches Machtkalkül, ein

---

Richard III. und Machiavelli

Mit gutem Grund mag man Shakespeares Richard III. – leicht anachronistisch – einen Machiavellisten nennen und mit diesem ominösen Titel eine besondere Vollzugsweise politischer Macht identifizieren. Sie besteht in der Demonstration einer bedrohlichen Übermäßigkeit und dokumentiert sich in der Artistik von Machtergreifung und Machterhalt. Als Monstrum auf eine Position außerhalb der natürlichen Ordnung platziert, begreift Shakespeares Schurke die politische Macht als Gegenstand einer Machination, die mit trickreichen Kunstgriffen ein artifizielles Herrschaftskonstrukt fabriziert. Dieser Mechaniker der Macht respektiert nicht die Unverbrüchlichkeit eines naturwüchsigen politischen und sozialen Bands, keine Verwandtschaft, keine Überlieferung, kein gemeinsames Gut und keinen Vertrag. Die Naturordnung der Dinge wird gestürzt. Was Macht ist und was sie bedeutet, wird aus allen moralischen, religiösen, affektiven Einbettungen herausgelöst und zu einer politischen Reinform destilliert. Haben Krieg und Bürgerkrieg einen »Wankestaat« und eine taumelnde Weltlage hinterlassen, so weiß der Schurke das herrenlose

---

wesentliches Herrschaftskalkül in der Verstellung. Die größte Schurkerei paart sich mit Verstellungskunst, Shakespeares Richard III. hat das zur Perfektion gebracht.

KLUGE: Sonst kann man Macht nicht horten, nicht aufbewahren.

VOGL: Sie lässt sich sonst nicht verzinsen. Sie muss so bewirtschaftet werden …

Machtding zu ergreifen, er bringt es durch einen willkürlichen Zugriff in seinen Besitz, mit einen Griff, der sich durch keinen natürlichen oder rechtlichen Rückhalt ausweisen kann. Hier scheinen die machiavellistischen (Un-)Tugenden durch: eine virtù *oder Tüchtigkeit, die die Wechselfälle* (fortuna) *meistert und die Gelegenheit* (occasio) *ergreift; eine rechnende Vernunft* (ragione)*, die sich den ehernen Gesetzmäßigkeiten* (necessità) *des irdischen Weltlaufs stellt. Für dieses Unternehmen ist die Macht das ungezähmte Reale schlechthin,* the real thing, *das einen schreckerprobten, kalten und standhaltenden Blick verlangt. Das charakterisiert eine doppelt schurkische Maßlosigkeit: den Umgang mit einer unmäßigen, entfesselten Macht oder Gewalt; und das Übermaß eines speziellen oder spezialisierten Wissens davon. Wie André Gide einmal den Buckligen nicht einen verminderten Menschen, sondern einen Mehr-als-Menschen, einen Menschen plus Buckel genannt hatte, so ist auch die Shakespear'sche Missgestalt ein Typ des Surplus: An ihm haften ein Mehr oder Zuviel an Macht, ein Mehr oder Zuviel an Wissen, ein Mehr oder Zuviel an Machtwissen. Wer sich machiavellistisch nennt oder genannt wird, ist einer, der stets zuviel weiß.*

KLUGE: … dass sie mehr Macht erzeugt. Und dazu ist Freiwilligkeit erforderlich, wenigstens scheinbar, irgendwas, das von unten nach oben wächst, wie das Korn.

VOGL: Eine strategischer Rat bestünde dann darin, so zu handeln, dass jede Entscheidung zugleich die Möglichkeiten weiterer Entscheidungen vermehrt. Jede Entscheidung sollte so gefällt werden, dass das Potenzial weiterer Entscheidungsmöglichkeiten wächst.

KLUGE: So dass also die Macht von Waffen in einer Schlacht dadurch entsteht, dass in dem Moment, in dem alle merken, wir sind am Siegen, sich noch etwas potenziert, und jetzt kommt sozusagen eine Geselligkeit hinein in das Zusammenwirken, und der Erfolg entzündet die Geister. Oder umgekehrt: Der Misserfolg lähmt die Geister.

VOGL: Ja, diese Macht lauscht auf Rückkopplungseffekte, sie achtet darauf, welche Handlungsfolgen welche Handlungsfolgen auslösen könnten.

KLUGE: Nun sind Sie Brückenbauer nach Frankreich, Deleuze-Übersetzer, infiziert von Foucaults Gedankengängen. Wenn man die Machtbegriffe ins Französische übersetzt, bekommt man eine interessante Spiegelung, ein Echo, das man in der eigenen Sprache nicht so leicht findet. Was wäre *pouvoir* im Gegensatz zu *puissance*?

VOGL: *Pouvoir* wäre Macht im Sinne von »Können«, Widerstände überwinden können.

KLUGE: De Gaulle hat *pouvoir*. Eine Panzerarmee hat *pouvoir*, die öffentliche Gewalt, die Rechtsprechung hat *pouvoir*.

VOGL: Ja, *pouvoir* geht aber auch in die Richtung der *potestas*, Amtsgewalt, Herrschaftsgewalt. Der eigentümlich schillernde Definitionsbereich von *pouvoir* liegt zwischen der *potestas*, Amtsgewalt auf der einen Seite und den vielen verschiedenen Mächten, die fähig sind, konkrete Widerstände taktisch und strategisch niederzuringen andererseits.

KLUGE: Was wir Macht nennen, manchmal auch Ordnung oder Einfluss – alles mögliche Ausdrücke für Macht –, sind ja eigentlich die Gefäße wirklicher Verhältnisse. Ohne dass man ein Ufer hat, das ja Macht ausübt auf die Strömung, kann man nicht sagen, das ist ein Fluss; das wäre eher ein Sumpf.

VOGL: Das wären wiederum zwei Aspekte. Einerseits produziert Macht Wirklichkeiten, sie gibt dem Realen eine Gestalt, eine Form, sie bahnt, lenkt, begrenzt und strukturiert Kräfte. Auf der anderen Seite ist sie selbst nicht vom Element des Flüssigen, vielleicht sogar vom Amorphen zu trennen, sie würde also eine Art Gewässerlehre aufrufen: Macht zirkuliert, sie kann gestaut werden, sie durchbricht Dämme, sie kann versickern, fruchtbar machen, niederreißen etc.

AGGREGATZUSTÄNDE DER MACHT / »FEST, FLÜSSIG, GASFÖRMIG«

KLUGE: Eine Grammatik der Macht... Aber das rein Gasförmige, das Wolkige wäre bloß als eine Art Umgebung, als Aura der Macht zu verstehen, nicht aber als eigener Aggregatzustand der Macht?

VOGL: Vielleicht doch, wenn man die Wolke als Metapher für Wandelbarkeit nimmt, für das Flüchtige und nicht Fassbare, für den Schwarm und seine Bewegungskünste. Ich denke, man könnte durchaus von flüssigen und gasförmigen Aggregatzuständen der Macht sprechen.

KLUGE: Und von festen. Kann man das sagen, Briketts der Macht?

VOGL: Ja, Macht kann sich kristallisieren, Kohlestaub verdichtet zum Brikett, Kohlenstoff komprimiert zum Diamanten. Transportable Machtformen, schneidende Machtformen, verletzend oder chirurgisch. Aber auch das Flüchtige, Aggregatzustände, die Dunst erzeugen und die Sicht behindern, Klarheit löschen, sind spezifische Machtformen. Auch Nebelkerzen generieren Machtverhältnisse.

KLUGE: Illusionen… also wie Narren liefen sie daher, weil sie einer Illusion folgten, weil sie nicht widerstehen konnten, das wären diese nebelhaften Machtverhältnisse.

VOGL: Vielleicht. Illusionen, Einbildungen, wie in Kafkas *Beim Bau der chinesischen Mauer*, wo es heißt: Womöglich ist unser Kaiser in Peking gar nichts Wirkliches, sondern nur eine Wolke, hinziehend und »ruhig unter der Sonne sich wandelnd im Laufe der Zeiten…« Ich denke jedenfalls, es gibt in der Morphologie von Mächten keine spezifische Grenze, es gibt vielmehr einen unendlichen Variations- und Kombinationsreichtum, den man in unterschiedlichen Versionen untersucht hat, von Machiavelli über Max Weber bis zu Foucault usw. Die Serie von Machtformen ist sicher unabschließbar, daher vielleicht der Versuch einer Gewässerlehre der Macht, einer Lehre von ihren Aggregatzuständen.

KLUGE: Also Fließgesetze der Macht?

VOGL: Fließgesetze der Macht, Gerinnungsgesetze, Verdunstungsgesetze etc.

KLUGE: Sind das Inspirationen, die auf Gilles Deleuze und Michel Foucault zurückgehen?

VOGL: Wenn man sich mit den Überlegungen, die etwa Foucault über die Macht angestellt hat, auseinandersetzt, dann steht ein Machtsingular im Mittelpunkt – er ist gewissermaßen der Gegenpol seiner eigenen Überlegungen –, die Vorstellung einer Macht, die seit dem ausgehenden Mittelalter sehr stark vom Bild der Königsmacht geprägt ist, einem Tresor, einer Schatzkammer der Macht.

KLUGE: Sie enthält eine Alchemie, nämlich den heiligen Körper des Königs. Die besten Absichten werden in der Königsmacht monopolisiert, die tatsächliche Macht, Bürgerkriege zu schlichten, und das Recht kristallisiert sich um sie herum.

VOGL: Das ist die glänzende, strahlende Vision einer Macht, die sich juridisch, politisch und letztlich auch personell und bürokratisch zusammenzieht im Souverän. Mit Foucault könnte man versuchen, die Elemente, die chemische Zusammensetzung dieser Macht wenigstens schematisch zu benennen. Dazu würde ein erstes Element gehören: der Besitz. Diese Form von Macht kann man besitzen, man kann sie vererben und übertragen. Ein zweites Element dieser Macht ist, dass sie lokalisierbar ist. Sie hat einen Ort, und dieser Ort ist beschreibbar: Es ist der König, der am Morgen noch in seinem Bett liegt, aber den politischen Körper schon angezogen hat. Diese Macht wird durch die Differenz von Oben und Unten oder Zentrum und Peripherie ausgespielt.

KLUGE: Das heißt, Versailles oder Paris sind so mächtig, weil der Süden zerstört wurde, um Großfrankreich zu bilden.

VOGL: Die Aristokratie der Provinz wurde entmachtet und amüsiert sich nun in Versailles.

KLUGE: Wenn der König später dann unter der Guillotine den Kopf verliert, ist der Zentralismus sozusagen erst richtig in Gang gekommen.

VOGL: Ja, die Entmachtung der französischen Aristokratie war wohl eine Vorarbeit zur französischen Revolution und zur Zentralisierung der Republik. Und vielleicht verweist das auf ein drittes Element dieser Macht, sie hat nämlich den Charakter einer Substanz. Sie funktioniert wie ein homogener Stoff, der selbst wieder homogenisiert, eine Gesellschaft zusammenhält und strukturiert, sie ...

KLUGE: ... bildet Plätze in der Stadt.

VOGL: Sie erzeugt Ordnungs- und Ortungsräume, hat eine klassifizierende Kraft, die nach dem Tod des Königs nicht geringer geworden ist.

ZENTRALPERSPEKTIVE, DIE MACHT ZU BINDEN UND ZU TRENNEN – VERWALTUNGSMACHT UND REPRESSION

KLUGE: Verallgemeinerung, Ordnung, die Bildung von Abteilungen, das ist Macht.

VOGL: Ja. Und dazu gehört noch ein viertes Element dieser Königsmacht, zu dieser Tresormacht, zu dieser gespeicherten Macht, die im Grunde wie ein Schatz gehortet werden kann: das Prinzip der Unterordnung. Diese Macht, so hat es auch Foucault immer wieder formuliert, ist eine repressive Macht, die lastet, die schwer ist, die von oben nach unten wirkt, und je tiefer man geht, desto schwerer ist der Machtdruck, so wie der Luftdruck nach unten zunimmt.

KLUGE: Aber die Königsmacht ist dem Subjekt gegeben. Nachdem der König geköpft worden ist, gibt es lauter einzelne Könige, jede Provinz ist ein König, jeder Präfekt ist ein König, de Gaulle ist die Wiederholung des Königs.

VOGL: Deswegen sagte Foucault einmal, dass in der politischen Theorie der Kopf des Königs noch nicht gerollt ist. Und mehr noch: das reicht bis in Subjektpathologien hinein. Nach der Revolution wurde »Ich bin der König von Frankreich« zum Schlachtruf von Verrückten, die die Asyle und Irrenanstalten zu bevölkern begannen.

KLUGE: Das heißt, die Köpfung des Königs war lediglich die Beendigung des Gewaltmonopols, dieses Macht-Dispositivs, und jetzt ist sie überall in Splittern, wie Viren, in der Gesamtgesellschaft verteilt. Das ist die Krönung des individuellen Menschen.

VOGL: Das wäre die Krönung des individuellen Menschen, und das wäre das Maßnehmen des Subjekts am einstigen Souverän: Unten rebellieren die Triebe, von oben herab kommt die nötige Repression.

WIE GEHT FOUCAULT DAMIT UM?

KLUGE: Wie geht Foucault damit um? Es gibt ja keine Schrift, die nicht von Macht handelt.

VOGL: Es gibt wenige Schriften, die nicht von Macht handeln. Foucault würde zunächst einmal sagen: Wir müssen uns noch einmal auf eine Expedition begeben, die Königsmacht, diese rechtlich-philosophische Figur, hat den Blick auf konkrete Funktionsweisen von Mächten, auf Machttechnologien verstellt.

KLUGE: Gibt es die?

VOGL: Die gibt es. Ein erstes Gebot dieser Recherche wäre nun, dass man Macht nicht mehr als etwas Festes, Gegebenes, als etwas Besitzförmiges, als etwas rechtlich Kodiertes begreift ...

KLUGE: ... als etwas Stapelbares ...

VOGL: ... sondern als Kräftefeld. Macht wird dort spürbar, wo unterschiedlichste Kräfte, widerstreitende Kräfte, Kräfte und Gegenkräfte interagieren, im wörtlichen Sinne miteinander ringen. Diese Kräftefelder muss man sich ansehen, und dabei wird man bemerken, dass sich Macht im Wesentlichen durch taktische und strategische Qualitäten auszeichnet. Wie wäre es, fragte Foucault, wenn man versuchsweise den Grundsatz von Clausewitz umdrehen und sagen würde, Politik sei die Fortsetzung des Kriegs mit anderen Mitteln? Taktik und Strategie also als erster wichtiger Aspekt. Der zweite Aspekt, der für Foucaults Analytik der Macht – er hat übrigens niemals von einer generellen Theorie der Macht gesprochen – also für Machtanalysen in Rechnung gestellt werden sollte, liegt in der Annahme, dass Macht stets prozesshaft ist. Macht ist im höchsten Maße beweglich, verweist auf Instabilitäten, auf Unruhen, die auch in scheinbar geordneten Verhältnissen nicht aufgehört haben, auf fortgesetzte Kämpfe. Macht ist niemals ein für alle Mal gesichert, sie muss immer wieder neu errungen werden. Ein berühmtes Beispiel dafür wäre die Entstehung der Polizei und ihrer Varianten seit dem 18. Jahrhundert, einer Anstalt, die wachsam ist, niemals ruht oder schläft und auf versteckte Bedrohungen abgerichtet ist, die aus dunklen Milieus, aus Fabriken, aus Kinderzimmern, aus sinistren Versammlungen hervorkommen. Die Befriedung ist nie ein für alle Mal hergestellt, man kann nicht davon ausgehen, dass eine Gesellschaft dauerhaft befriedet sei, nur weil der Souverän – in welcher Verkörperung auch immer – herrscht. Auch im scheinbaren Frieden könne man das Donnergrollen von Schlachten hören.

KLUGE: Wäre sie es, wäre die Polizei die erste, die einen neuen Gegner erfindet und notfalls künstlich in die Welt setzt, um ein Ziel zu haben, um ihren Algorithmus noch einmal neu in Gang zu setzen...

VOGL: Natürlich. Sie benötigt das Milieu, die Dunkelzonen, die latente Gefahr, den gleichmäßig verteilten Gefahrensinn, Sicherheitsbedürfnisse, den Gesellschaftsfeind, den Schläfer, das rechtfertigt ihre Existenz.

KLUGE: ... auch als Reflexion zu sich selbst, wie der Mond, der mit fremdem Licht arbeitet. Sie reflektiert...

VOGL: ... in einer vielfältigen Weise: mit einem Spiegelkabinett, mit einem komplexen System an Spiegeln, die über den Gesellschaftskörper verteilt sind.

KLUGE: Das heißt, sämtliche Machtlosigkeiten der Welt bilden eine Sehnsucht, und dieses Verlangen konstituiert Macht. Wer das alles sammeln kann, wer davon der Führer sein kann, der ist machtvoll.

VOGL: Ja, ein Regierungsbegehren wecken, ein Bedürfnis, besser, intensiver, fürsorglicher regiert zu werden.

KLUGE: Wäre die Offenheit von Netzen ein Machtfaktor, ein Machtgefäß?

VOGL: Ja, wahrscheinlich die neueste, produktivste, effizienteste Version von Macht.

KLUGE: Deshalb ist das World Wide Web mächtiger ist als jede Fernsehstation...

VOGL: ... und als jede nationale Regierung oder jede Zentralbank. Das Netz und seine Technologien stellen breitere Inklusionen her, alle machen mit, und je mehr man sich im Netz bewegt, desto dichter wird die Kontrolle, das Tracking.

KLUGE: Jules Michelet, nicht verwechselbar mit Foucault, berichtet, dass die Franken, Barbaren, als sie in Gallien einbrachen und die Latifundien enteigneten, auch die Sklavinnen dort an sich nahmen. Und aus der Ohnmacht der ehemaligen Sklavinnen und dem Unwissen oder auch der Ohnmacht der Franken sei eine erotische Kultur aus lauter Missverständnissen entstanden, und das unterscheide Frankreich von den übrigen europäischen Ländern. Ein französischer König stellt seine Geliebte öffentlich aus. Erotik und Öffentlichkeit sind keine Gegensätze: nach Michelet die Errungenschaft dieses Aufeinanderstoßens eines unfähigen Eroberers, der nicht mächtig ist – er ist nicht mal sprachmächtig –, mit Sklavinnen, die im formellen Sinne nicht mächtig sind.

VOGL: Solche Kombinationen können sich den verschiedensten Ebenen und zu unterschiedlichen Zeiten wiederholen, dieses Intimverhältnis von Macht, Öffentlichkeit und Erotik. So hat Foucault – und das wäre ein weiterer Akzent seiner Machtanalysen – darauf hingewiesen, dass Macht nicht unbedingt repressiv, sondern überaus stimulierend wirken kann, produktiv, attraktiv und verführerisch. Seit dem 19. Jahrhundert etwa hat man ganze Schichten dazu gebracht, über Sex zu reden, über die eigenen kleinen schmutzigen Geheimnisse, über Abweichungen und Perversionen – und eine Riege von Experten, Gutachtern, Psychiatern hörte mit großen Ohren zu. Wieder ein Missverständnis: Sexualität wäre demnach nicht etwas, das unbedingt von Repressionen befreit werden müsste, sondern sie ist selbst ein Machtdispositiv, das zwei unterschiedliche Zielsetzungen zusammenbringt, nämlich die minutiöse Beobachtung von Individuen einerseits und die Pflege von Bevölkerungen, ihrer Zeugungs- und Fortpflanzungskraft auf der anderen Seite.

WAS SIND MACHTVERHÄLTNISSE IN DER EVOLUTION?

KLUGE: Wenn Sie Darwin nehmen, der hat ja zur Macht nichts Besonderes geschrieben, aber die Machtverhältnisse in der Evolution sind gigantisch: Da lösen sich ganze Filiationen auf, da gibt es ganze Zeitalter des Lebens, die einander ablösen, bekämpfen und Macht ausüben.

VOGL: Ja. Aber Darwin hat Thomas Robert Malthus gelesen, dessen Bevölkerungstheorie, und die stammte ja aus einer neuen Regierungswissenschaft, aus der politischen Ökonomie, in der es durchaus um die Verhandlung von Machtfragen ging. Malthus hatte darin, im *Bevölkerungsgesetz* von 1798, zwei Kurven gegeneinander gehalten: die Fertilität der Leute oder die »Leidenschaft zwischen den Geschlechtern«, die mit ihrer Vermehrungskraft zu einem geometrischen oder exponentiellen Wachstum der Bevölkerungen führen muss; und die Steigerung der landwirtschaftlichen Produktion, die allenfalls ein arithmetisches oder lineares Wachstum hervorbringen kann. Die Divergenz dieser Kurven muss zwangsläufig, gleichsam naturgesetzlich und regelmäßig, Krisen produzieren, nämlich Überbevölkerung, Hungerkatastrophen, höhere Sterblichkeit unter den Armen – bis schließlich das zunehmende Elend die Lage wieder entschärft und den Zyklus von vorne beginnen lässt. Solche Anpassungsbewegungen haben Darwin inspiriert und zur Übertragung der damit verbundenen Selektionsmechanismen auf alle Lebewesen überhaupt veranlasst. Kampf um beschränkte Ressourcen, Anpassung, Tüchtigkeit, Auswahl – all das waren und sind eigentlich ökonomische Begriffe.

KLUGE: Jetzt gibt es ein Ereignis im 18. Jahrhundert, das die Gemüter erschüttert hat. Auf eine Menschheit, die inzwischen Einfühlung gelernt hat und sie auch ausübt, trifft das Erdbeben von Lissabon wie eine Pranke der Natur. Voltaire empfindet es als einen Angriff, als einen verletzenden Akt; er sagt: Jetzt müssen wir der Natur den Krieg erklären, sie ist inhuman, sie verletzt die Verfassung, indem sie so etwas wie das Erdbeben von Lissabon, das heißt die Hinrichtung einer Stadt, hervorruft.

VOGL: Voltaire war in dieser Hinsicht noch etwas radikaler und wahrscheinlich auch noch etwas bösartiger. Er erklärte nämlich nicht nur der Natur, dem Verfassungsbruch der Natur den Krieg, sondern zunächst einmal unserem Denken über die Natur. Dieses Denken hatte sich mit dem Erdbeben von Lissabon in wesentlichen Punkten als hinfällig erwiesen. Es ist vor allem eine Sache hinfällig geworden: nämlich die Annahme, dass hinter der Natur ein geregeltes, geordnetes Walten Gottes stünde, der auch die Unregelmäßigkeiten, die Überschwemmungen, Hungernöte, Kriege, Erdbeben etc. zu einer insgesamt doch sehr günstigen Gesamtökonomie fügen würde. Diese Ökonomie der Natur, die darin besteht, dass sie nichts verliert, dass alle ihre Zerstörungen auch produktiven Charakter haben und dass letztlich auch Katastrophen einen Weg zu Gott weisen …

KLUGE: Das hat die Natur nicht im Sinn.

VOGL: Diese Ökonomie der Vorsehung ist mit der eigentümlichen Bewusstlosigkeit der Natur, wie sie Voltaire am Beispiel des Erdbebens feststellen musste, nicht zu vereinbaren.

KLUGE: Und der Heide Voltaire wehrt sich gegen die Annahme, dass es diese Providenz gibt.

DAS ERDBEBEN VON LISSABON (1755) / »DIE PRANKE DER NATUR«

VOGL: Er wehrt sich gegen die Vorstellungen, die diese Providenz falsch imaginiert haben. Dieses Erdbeben in Lissabon reicht nicht mehr hin, um die Existenz Gottes in der Natur zu beweisen.

KLUGE: Es gibt keine Gutartigkeit Gottes.

VOGL: Es gibt keine Gutartigkeit Gottes oder: es gibt keinen Gott.

KLUGE: Jetzt rüsten wir. Und diese Rüstung, 300 Jahre lang betrieben, würde die Ohnmacht des Menschen gegenüber Naturereignissen irgendwie beseitigen, wenn wir Glück haben – so Voltaire.

VOGL: Ja. Nun kann man diese Wendung natürlich auch umdrehen und sagen: Der Mensch, der immer in irgendeiner Weise – denkend, imaginierend, wie auch immer – Maß an der Natur genommen hat und seine eigene Macht an der Natur und an der Unterwerfung der Natur gemessen hat, ist mit einem Mal fähig, Naturereignisse selbst zu produzieren…

KLUGE: Beziehungsweise sie gegen sich selbst zu produzieren.

VOGL: Sie gegen sich selbst auszulösen. Die Stürme auf den Finanzmärkten seit den Achtzigerjahren beispielsweise haben dieselbe Erschütterungskraft, dieselbe seismographische Dichte wie einst das Erdbeben von Lissabon.

KLUGE: Alle Pensionskassen, die die Welt umrunden, sich niederlassen und wieder aufsteigen, haben ein Schwarmverhalten, und das kann ebenfalls große Zerstörungen, stärker als Heuschreckenschwärme, bewirken.

VOGL: Und sie führen zu ähnlichen Fragen, wie Voltaire sie sich gestellt hat. Man versuchte beispielsweise zu errechnen, mit welcher Wahrscheinlichkeit die Finanzkrise von 1987 mit einem dreißigprozentigen Einbruch aller Börsenkurse geschehen konnte. Das Ergebnis war, dass sie sich eigentlich nur mit der Wahrscheinlichkeit von eins zu mehreren Milliarden

Jahren hätte ereignen dürfen. Offenbar steckt in den sogenannten Marktgesetzen noch soviel Providenzvertrauen, dass man sich Krisen und Crashs nicht wirklich vorstellen kann – obwohl sie doch in den letzten dreißig Jahren am laufenden Band passierten. Markttheorien hegen immer noch die Hoffnung auf einen Gottesbeweis, die Hoffnung darauf, dass sich die Pannen und Katastrophen mit der weisen Einrichtung des Systems vereinbaren lassen. Dabei hätte spätestens die Finanzkrise von 2008 eine ähnliche Wirkung wie das Erdbeben von Lissabon haben können, im Sinne Voltaires: das Ende der Theodizee, das Ende des Vorsehungsparadigmas, das allenfalls in der satirischen Figur eines Magister Panglos überlebt.

Kaum hatten sie den Fuß in die Stadt gesetzt, so fühlten sie die Erde unter sich dröhnen, das Meer brauste im Hafen empor und zerschellte die vor Anker liegenden Schiffe. Feuer- und Aschenwirbel bedeckten die Gassen und öffentlichen Plätze; die Grundfesten der Häuser wichen aus den Fugen, Giebel, Dächer stürzten herab, die Häuser zerschossen in Schutt und Trümmer, und dreißigtausend Einwohner jegliches Geschlechts und Alters erlagen unter selbigen. [...]
Panglos tröstete die Anwesenden und gab ihnen die Versicherung; daß es gar nicht anders sein könnte, weil die Welt aufs beste eingerichtet sei. Denn, sagte er, wenn zu Lissabon ein unterirdischer Brand ist, kann keiner zu Wien und Berlin sein, sintemal es unmöglich, daß ein Ding an mehr als an einem Orte zugleich sein kann, alldieweil alles, was da ist, gut ist.

Voltaire, *Candide oder Die Beste der Welten / Candide ou l'optimisme*, 1759

KLUGE: Sie hatten zu Anfang gesagt, dass es mindestens eine Dichotomie der Macht gibt, eine Vielfalt der Macht, eine Vielfalt von Mächten. Aber schon »Mächte« ist wieder das falsche Wort, das wäre ebenfalls ein Substanzbegriff; man muss desubstanziieren, man muss auf die Elemente zurück. Hier hätte man jetzt diese große Macht der Natur, der Evolution, wo wir herkommen, die in unseren Körpern noch immer eine Macht bildet – aber der Krebs, der damit verbunden ist, ist auch eine Macht. Das Herz, das lebenslänglich schlägt bis zum Tod, ist auch eine Macht. Das Auge ist eine Macht. Alle diese Formen der Macht bilden einen großen Chor. Im Mittelalter hätte man gesagt: der Chor der Engel zu den Füßen Gottes. Würden Sie mir einmal beschreiben, wie man Adornos Satz befolgt, »weder von der Macht der anderen, noch von der eigenen Ohnmacht sich dumm machen zu lassen«?

VOGL: Dieser Satz würde zunächst zu einer Verhaltenslehre führen, für die man wahrscheinlich mehrere Regeln aufstellen müsste, bevor man die Erträge im konkreten Machtgefüge ernten kann. Eine erste Regel wäre, dass jede Machtausübung zugleich ein Selbstverhältnis der Macht darstellt; es macht keinen Sinn, über die Macht der anderen zu sprechen, wenn ich nicht ein Verhältnis der Macht zu mir selbst reflektiere, letztlich ein Selbstverhältnis beschreibe. Wie viel Macht übe ich gegen mich aus? Wie viel Befreiung aktiviere ich gegen mich selbst? Mit wie vielen verschiedenen Ichs oder Pseudo-Ichs kämpfe ich? Mit wie vielen Kräften muss ich mich arrangieren, um hier zu sitzen oder morgen anderswo zu sein? Machtverhältnisse müssen als Selbstverhältnisse von Individuen, Personen, Subjekten beschrieben werden, das wäre ein erster Punkt. Eine zweite wichtige Regel wäre, dass Macht, wenn sie keine Substanz ist, dann auch nicht in den Kategorien von Fülle und Vakuum gedacht werden kann. Es gibt keine Räume, die völlig frei wären von Macht, so wie es keinen Raum gibt, in dem die Macht so dicht ist, dass ...

KLUGE: ... sie keine Löcher hätte.

VOGL: ... dass sie keine Löcher hätte, ja. Macht wäre demnach immer ein Gefüge, eine Mannigfaltigkeit, in der ich selbst in Friedenszeiten, in Ruhezeiten, den Tonus von Machtzuständen überprüfen kann wie den Pulsschlag. Das heißt also, zweite Regel, nicht daran zu glauben, dass es auf der einen Seite eine höchste Dichte und auf der anderen Seite eine Freiheit von Macht gäbe. Die dritte Regel, um mit diesem Satz von Adorno zu navigieren, wäre, dass es keinen Gegensatz gibt zwischen Wissen einerseits und Macht andererseits. Das bedeutet, dass auf der einen Seite Macht Wissen produziert, Wissen hervorbringt und dass auf der anderen Seite die Zuweisung einer Macht, die nur dumm sei, blind, rüpelhaft ...

KLUGE: ... die Macht selbst wäre.

VOGL: Genau, dass es so eine dumme Macht nicht wirklich gibt.

KLUGE: Nicht einmal in der Natur, gerade da nicht.

VOGL: Selbst derjenige, der gegen die Macht auf die Wahrheit pocht, der gegen die Macht auf sein Wissen, auf die besseren Kenntnisse pocht, hat sich bereits in ein Machtgefüge inseriert. Das wären drei Regeln zur Navigation mit diesem Satz von Adorno, der das Verhältnis von Macht und Ohnmacht, das Verhältnis von Macht und Wissen und das Verhältnis von Macht und ihrer möglichen Durchsetzung reflektiert.

KLUGE: Und jetzt müsste der Begriff des Partisanen auf einen neuen Boden gestellt werden ...

BEGRIFFSKATASTROPHEN

WIRKLICHKEITSZERFALL IM APRIL 2020

KLUGE: Stellen Sie sich vor, Außerirdische kämen zu uns. Die haben keine Erfahrung, sie würden uns umbringen aus Ungeschicklichkeit. So ist es mit diesen Coronaviren, Außerirdische vom selben Planeten. Die kommen aus einer anderen Evolution. Und es ist ein absoluter Zufall, dass sie unsere Lungen anfallen. Die nehmen nicht »Lunge«, »Atmen«, »Mensch« wahr, sondern »warm« und »hochinteressante Art von Feuchtigkeit«.

VOGL: Es ist eigentümlich, dass diese Wesen, die weder lebendig noch tot sind, irgendwie lebende Kristalle, dass diese Wesen gerade dadurch herausfordern, dass sie einen Vorsprung an praktischem Wissen zu haben scheinen, dem Virologen, Epidemologen, Hygieniker, Politiker notgedrungen hinterherlaufen. Die Gegenstände der Natur, die Sachverhalte der Evolution sind alles andere als dumm, sie entwickeln vielmehr eigene Intelligenzen, die allerdings nichts mit unserer, mit menschlicher Intelligenz zu tun haben, also mit der Art und Weise, wie man die Dinge da draußen auf den Begriff bringt. Sie lösen Begriffskatastrophen aus. Und nun haben wir – vorläufig und behelfsweise – bestimmte Umgangsweisen eingeübt. Das betrifft auf der einen Seite eine rechnerische Verarbeitung des Unbekannten, Wahrscheinlichkeitswissen und Statistik, die Fassung von Ungewissheitszonen, die nur zu provisorischen Urteilen führen können, kein wahr oder falsch kennen, in einer Grauzone zwischen mehr oder weniger wahrscheinlich operieren und deswegen auch eine äußerst kurze Verfallszeit haben. Halbwissen, das täglich, stündlich überprüft und angepasst werden muss. Auf der anderen Seite führen wir – wiederum prophylaktisch – ein Drama der

Distanz auf, eine Art Choreographie, einen Tanz der Körper auf Abstand, verbunden mit einem neuen Bewegungsbewusstsein, das sich wiederum mit einer Konzentration von Sinnesaktivitäten kombiniert. Der Wirklichkeitszerfall, den wir gerade erleben, geht mit einer erhöhten Beobachterintensität einher, man spaziert mit geschärften Sinnen durch die Gegend. Türklinken, Einkaufskörbe, Ellenbogen oder Fußknöchel, Hände mit oder ohne Handschuhe, haptische Alarmzonen, Körperabstände, Minimalbewegungen, Blickrichtungen, akustische Signale wie Husten, Niesen oder Räuspern – all das gehört nun zum Signalement einer neuen sozialen Welt. Diese Sinneswelten und Tänze sind wohl Experimente zur Erprobung eines neuen Kollektivs.

KLUGE: Das bringt mich auf den Begriff der Konstellation.

VOGL: Konstellation ist ja zunächst, wörtlich genommen, eine Anordnung von Sternen. Und verweist auf die Wahrnehmung eines bestimmten Zusammenhangs. Bevor man zu denken beginnt, bevor sich eine klärende Intelligenz in Gang setzt, beginnt man zu lesen, erprobt man Lektüren. Und lesen heißt konstellieren, so wie man Sternbilder herstellt: Man blickt in den Himmel, erkennt Ähnlichkeiten, und in diesen Ähnlichkeiten liegt eine Urszene des Lesens, die Wanderung des Blicks von Element zu Element, von Buchstabe zu Buchstabe. Das Auge geht vom Sehen zum Lesen über, es wird zu einem metamorphotischen Organ, dem sich eine fortlaufende Verwandlung des bloß Sichtbaren zum Schriftlichen aufdrängt. Walter Benjamin hat das einmal in einer »Lehre vom Ähnlichen« beschrieben. Das heißt das Sammeln von Korrespondenzen, in denen die feinen Bezüge auf dem Spiel stehen, die sich zwischen den Zeichenelementen entspinnen. In dieser Lektüre, die den Konstellationen, der Verteilung der Elemente im Raum folgt, bildet sich eine Sprache vor der Sprache aus, eine Sprache ohne Wörter und ohne Rede, eine Textur und ein Geflecht, das sich allein der Korrespondenz der Schriftfiguren verdankt – ihrer Ähnlichkeit, ihrer Verwandtschaft oder Analogie. Bevor sich ein Sinn erschließt, bevor sich eine Bedeutung erschließt, bevor sich Bedeutungszusammenhänge herstellen, versucht der wandernde Blick mit der Überbrückung der großen Distanzen zwischen verstreuten Punkten eine Wiedererkennung von Figuren.

KONSTELLATIONEN

KLUGE: Jetzt sprechen Sie davon, was alles Schrift sein kann. In einem Buch sind die Buchstaben meist sehr eng gesetzt. Ich mag es aber, wenn man Teile von Sätzen herausrausreißen darf und groß in ein Bild gebracht lesen kann und dann wieder in den Text eintaucht. Das ist etwas anderes als eine Schlagzeile, eher ein Fragment, und dann fange ich wieder am Ganzen zu lesen an. Ich lese auch gern rückwärts, zum Beispiel ein so wunderbares Buch, das mich sehr fesselt und das ich wie eine Kartographie lesen könnte, *Auch eine Geschichte der Philosophie* von Habermas auf zweitausend Seiten: wenn man sozusagen instinktiv erst mal nachsieht, worauf er hinauswill am Ende, das wird im Schlusskapitel stehen. Und wenn ich den Appendix lese: welche Hauptwörter, welche Namen und Begriffe hat er denn unter A bis Z eingetragen. Langsam pirsche ich mich heran, bohre mich hier und dort ein wie in ein Bergwerk, vertiefe die Etagen und komme dann zum Beispiel in Mesopotamien an. Und diese Art der Suche wäre ebenfalls »konstellativ«.

VOGL: Ja. Aber das heißt ja auch, dass selbst ein systematischer Denker wie Habermas...

KLUGE: … der würde nicht billigen, dass man vom Ende des Buches nach vorne liest …

VOGL: … würde es nicht unbedingt billigen, aber selbst er, der es nicht zulassen kann, einen Gedanken nicht von Anfang bis zum Ende zu entwickeln, selbst er bietet die Möglichkeit, nicht-lineare Lektüren einzuräumen, und sei es wider Willen. In jeder Gedankenstrecke steckt ein Moment oder Risiko der Abirrung, der Abdrift oder des Nicht-linearen, und allein in der Folge von Wörtern und Buchstaben regt sich eine Kraft oder ein Widerstand, der leicht übersehen und überlesen wird, aber die Bedingung der Möglichkeit des Lesens, die Bedingung der Möglichkeit des Alphabets und der Schrift überhaupt darstellt, nämlich der Zwischenraum, das Spatium. Der Zwischenraum zwischen zwei Buchstaben, der Zwischenraum zwischen zwei Wörtern hat selbst eigentlich keine Ausdehnung, er ist nicht extensiv, öffnet dennoch aber einen unendlichen Abstand zwischen den einzelnen Elementen, Buchstaben oder Wörtern, also die Voraussetzung dafür, dass sich überhaupt ein Zusammenhang ergeben kann.

KLUGE: Buchstaben und Wörter sind eigentlich Rebellen, sie wollen keinen Sattel des Sinns tragen, Bedeutungen sozusagen instrumental verwalten. Sie wollen vielmehr als Buchstaben oder als Wörter selber auch gewürdigt werden, geliebt werden, und deswegen haben sie die Tendenz, die Sätze aus den Zwischenräumen heraus zu sprengen. Nun gibt es eine Methode, sie zusammenzunähen mit Hilfe von Syntax und Grammatik, man kann Absätze bilden, Kapitel und dann Bücher und dann Bibliotheken. Aber man könnte auch den entgegengesetzten Weg gehen, das Punktuelle des Wortes wiederherstellen und Wortfelder generieren. Wenn ich jetzt anstatt eine Handlung zu erzählen, eine Liebesgeschichte zu erzählen oder einen Balzac'schen Roman zu entwickeln, alle Wörter für Liebe bei den Eskimos, im Russischen, im Französischen, im Lateinischen, bei uns, bei den Griechen der Antike, bei Shakespeare nähme und sie wie Lichtpunkte versammeln würde, bekäme man Wortbäume und Wortstreuungen. Ich würde die Wörter von ihrem Sinnzwang einen Moment erlösen zugunsten der Beziehung zwischen Ähnlichkeiten und ähnlichen Wörtern und vor allem ähnlichen Realitäten, die durch verschiedene Wörter wiedergegeben werden. Also ich habe meinetwegen jetzt Zärtlichkeit, daneben schreibe ich Hautnähe, daneben schreibe ich Sehnsucht, daneben schreibe ich das Wort Liebe (aber da würde ich gerne eine andere Schrift wählen für Wörter, deren bestimmte Bedeutung erst noch zu ermitteln ist). Dann würde ich *Liebe als Passion* daneben schreiben, das ist ein Buch von Niklas Luhmann. Hier wird der Begriff klarer oder er bezeichnet eine eingegrenzte, historische Form der Liebe. Dann Liebesroman, Fortsetzungsroman, Zuneigung. Jetzt folgt das Wort Freundschaft, das ist ein Cousin der Liebe. Vielleicht ist es sogar eine andere Spezies der Zuwendung. Jetzt: besessene Liebe. Liebe auf den ersten Blick. Und dann die andere Form der Bindung: ein Acker heiratet den anderen. Ich würde im Wortfeld an dieser Stelle übergehen in Sprichwörter. Wenn man das nebeneinander schreibt, entsteht eine Art Landkarte. Die Zwischenräume zwischen den Wörtern und deren Unterschiede gehen mit der Kartographie der Liebe anders um, als es ein Autor mit linearen Romanen macht …

VOGL: … was würde man dann auf dieser Landkarte erkennen?

KLUGE: Sie würde die Sprache wieder so reich machen wie in den Sammlungen der Brüder Grimm.

VOGL: Dann wären das wenigstens zwei Dinge, die sich in diesen räumlichen Nähen und Fernen, in diesen Konstellationen abzeichnen könnten.

KLUGE: Die Wörter erhielten ihre Würde, ihre Autonomie und auch ihre Vielfalt wieder zurück.

VOGL: Sie würden aber auch ihre jeweiligen Kräfte von Anziehung und Abstoßung aktivieren, ihre affektive Aufladung, die Streuung der Liebes-Wörter würde ein Diagramm von Affekten auffächern, eine Art Gefühlslandschaft mit Höhen und Tiefen, Wellen von Erregungen und Empfindungen, die sich mit den Wörtern assoziieren, verschiedene Dramen der

---

Es gefiel Gott, mich immer noch verschont zu lassen, und ich war frisch und kerngesund, nur sehr ungeduldig, mich länger im Hause luftdicht einzukapseln, wie ich es vierzehn Tage lang oder so nun schon tat, und ich konnte mich nicht mehr zurückhalten, sondern ich mußte gehen und einen Brief an meinen Bruder zum Posthaus bringen. Und da bemerkte ich allerdings, was für ein tiefes Schweigen in den Straßen herrschte. Als ich zum Posthaus kam und gerade hineingehen wollte, um meinen Brief aufzugeben, sah ich in einer Ecke des Hofes einen Mann stehen und mit einem anderen sprechen, der zu einem Fenster herausschaute, und ein dritter hatte eben eine Tür der Amtsräume geöffnet. Mitten auf dem Hof lag eine kleine Lederbörse mit zwei Schlüsseln, die daran befestigt waren; es war Geld darin, aber niemand wollte sie anrühren. Ich fragte, wie lange sie dort schon liege; der Mann in dem Fenster sagte, sie liege dort schon beinahe eine Stunde, aber man habe sie nicht angerührt, denn man wisse ja nicht, ob nicht die Person, die sie verloren habe, zurückkommen und nach ihr suchen möchte. Ich war nicht so in Geldverlegenheit, und die Summe konnte auch nicht so groß sein, daß ich Lust verspürt hätte, mich daranzumachen und das Geld unter der Gefahr, in die ich dabei vielleicht lief, zu nehmen; so war ich

---

Zuneigung. Und zudem – das wäre den Brüdern Grimm nicht fremd – könnte man damit auch eine Art geologischer Karte skizzieren und unterschiedliche historische Schichten verzeichnen. Durch ›Minne‹ etwa, hingeschrieben neben ›Liebe als Passion‹, würde man in eine ganz andere Zeit geworfen, die Konstellation im Raum würde in eine zeitliche Konstellation kippen, an allen Wörtern kleben noch die Spuren ihrer vergangenen Verwendungen, Geschicke von Generationen.

---

eigentlich schon auf dem Weg nach Haus, als der Mann, der aus der Tür herausgetreten war, sagte, er wolle sie aufheben, aber freilich, wenn der rechtmäßige Eigentümer komme, so solle er sie gewiß zurückerhalten. Er ging also hinein und holte einen Eimer Wasser und setzte ihn dicht neben der Geldbörse nieder, dann ging er nochmals und holte etwas Schießpulver und streute reichlich davon auf die Börse, und dann machte er eine Zündlinie von diesem Pulver aus, das er lose auf die Börse gehäufelt hatte. Die Zündlinie reichte etwa zwei Yards weit. Danach ging er zum dritten Male hinein und kam mit einer rotglühenden Zange wieder, die er wohl für diesen Zweck vorbereitet hatte, und setzte zuerst die Zündlinie in Brand; das versengte die Börse und räucherte die Luft genügend aus. Aber damit war er noch nicht zufrieden, sondern er nahm dann die Börse mit der Zange hoch und hielt sie so lange, bis das heiße Eisen das Leder durchgebrannt hatte, und dann schüttelte er das Geld in den Wassereimer heraus und trug ihn hinein. Der Betrag war, wenn ich mich recht erinnere, ungefähr dreizehn Schillinge und einige blanke Heller und Kupferpfennige.

Daniel Defoe, *Die Pest zu London / A Journal of the Plague Year*, 1722

KLUGE: Noch einmal: ›Begriffskatastrophen‹, das Wort ist vorhin gefallen. Tatsächlich ist ja die Intelligenz des Virus, wie gesagt, von unserer Intelligenzart, von der empathischen Intelligenz völlig verschieden. Deren in der Evolution erfolgreiches Verhalten findet in einer stochastischen Masse, in Billionen-Schwärmen von Viren statt. Die darin enthaltene Intelligenz hat ihre Wurzel in Kopierfehlern, in den Unfällen, die bei ihren raschen Mutationen entstehen. Sogenannte Identität wäre das Letzte, was ein Virus beherrscht. Ein Virus existiert in permanenten Variationen und Abwandlungen: eine Evolution im Zeitraffer. Das läuft wie ein Film. Und es ist ein Angebot an die Umwelt, die darüber entscheidet, welche der Mutationsketten für die Vermehrung günstig sind und welche nicht. Wie es die Virologin Karin Mölling sagt: es entsteht Schrott, vielleicht aber auch ein Viren-Mozart … Und in diesem Prozess der Innovation und Intelligenz sind gleicherweise tätig das RNA-Programm des Virus, dessen Mutationen und die Antwort der Umwelt. Diese Form evolutionärer Intelligenz hat immer diese drei Wurzeln zugleich.

VOGL: Aber damit stecken besondere Qualitäten in diesen eigentümlichen Wesen, nämlich auf der einen Seite eine überaus große Fähigkeit, Fehler zu produzieren, Kopierfehler zu produzieren, sich selbst unähnlich zu werden; und auf der anderen Seite die Macht des Zufalls zu nutzen, denn jede Mutation ist im strengen Sinn des Wortes kontingent: Sie trifft auf eine Umwelt, stößt mit einer Umgebung zusammen, wird darin vorangebracht oder vernichtet. Die Macht des Überlebens liegt im Vermögen, Zufälle zu multiplizieren.

KLUGE: Praktische Intelligenz, nicht mit den Mitteln des Denkens hergestellt.

VOGL: Und das zwingt uns, etwas zu denken, was unserem Denken grundsätzlich widerstrebt, nämlich dass diese Naturwesen keinerlei Ziel und keinerlei Zweck verfolgen.

KLUGE: Außer ihrer Vermehrung.

VOGL: Aber Ziele oder Zwecke werden wir erst nachträglich entdecken, feststellen oder hineininterpretieren können. Zum Beispiel die Anpassung an eine bestimmte Umwelt. Wir müssen uns damit abfinden, dass die Welt, die uns jetzt umgibt, diese Infektionslage beispielsweise, einer Übersetzung in unsere Begriffe widerstrebt. Sie stört unser Denken, sie stört dessen Verfahren, dessen Kausalideen und Ordnungsversuche auf unbequeme Weise. Sie fordert das Denken heraus, nötigt es, tut ihm Gewalt an. Es gibt keine natürliche Neigung des Denkens zu diesem Draußen, viel eher besteht eine tiefe Feindschaft zwischen der Welt und den Begriffsinstrumenten, mit denen wir uns mehr oder weniger komfortabel einrichten.

KLUGE: ... einrichten und abgrenzen. Dem Virus aber nicht ganz unähnlich. Wenn ein Virus, erzählte mir Karin Mölling, sie war Virologin am Max-Planck-Institut für molekulare Genetik und Professorin an der Universität Zürich, wenn ein Virus eingedrungen ist in eine Lungenzelle zum Beispiel, dann macht es hinter sich zu, es baut mit Zellmaterial, zur Hälfte von sich selbst und zur Hälfte vom Wirt, eine Mauer und versiegelt den Eingang, durch den es eingedrungen ist. Nachfolgende Viren sollen ihm den Lebensraum nicht streitig machen. Das ist der Grenzziehung Orbans in Ungarn oder der Mittelmeer-Politik der EU ähnlich. Das Virus sichert sich ab, damit es den ganzen Reichtum der Wirtszelle für sich hat. Das hat mich sehr verblüfft, dass Viren intelligenten Egozentrismus betreiben, Geiz produzieren... »Abstrakte Gewinnsucht und Geiz«. Festungsbau.

VOGL: Aber es ist durchaus bemerkenswert, wie Sie darüber sprechen, nämlich von Festungsbau beispielsweise, von der Befestigung von Grenzen, von der Sicherung von Territorien. Bewegt man sich mit solchen Formulierungen nicht in einer gewissen Hilflosigkeit und müsste konzedieren, dass das nichts als Metaphern sind? Dass es Metaphern für Angelegenheiten sind, für die kein Begriff zur Verfügung steht? Die Rhetorik hat

---

Wie Hegel der Kalkgrube entkam

Am Samstag noch Präsenz des Philosophen bei den anstehenden Examina in der Universität. Abends Schwächeanfall, eiskalte Gesichtshaut. Exzessive Übelkeit und Erbrechen. Aus dem After bricht Wasser hervor, eine schmähliche, flockige Suppe, welche die Kleidung durchdringt. Nach 30 Stunden der Tod.
Ärzte und Hausfrau waren bemüht, die Todesursache zu verschleiern. Marie Hegel küßte vor Zeugen die Augenlider ihres Mannes. Sie scheute sich nicht, ihn anzufassen. Sie suchte zu beweisen, daß dieser tote Leib nicht ansteckend war, daß es sich nicht um die Cholera handelte. Die Seuche, sagte sie, flaue in der Stadt bereits ab. War es ein Diätfehler? War es ein Schlagfluß? Es durfte irgend etwas sein, nur kein Hindernis

---

dafür einen Ausdruck, das nennt sich Katachrese. Katachresen sind Formulierungen für Sachverhalte, für die kein Begriff existiert. Einfachstes Beispiel wäre das Stuhlbein: Das Stuhlbein ist kein Bein, sondern eine Metapher für das, worauf ein Stuhl steht. Wir sind also auf die metaphorische Produktivität der Sprache angewiesen und betreiben zwei Dinge zugleich – nämlich etwas in ein verständliches, nachvollziehbares Bild zu rücken und die Sache zugleich zu verfehlen.

KLUGE: Mich erinnert das an das Prinzip des Kasperle-Theaters. Der Kasper tut nie, was nach Ansicht der Kinder, die ihm zusehen, richtig wäre. Also wenn das Krokodil hinter ihm erscheint, sieht er das Krokodil nicht. Die Kinder geraten in hohe Aktivitätsstufe. Sie rufen dem Kasper zu, was er machen soll. Wenn der Kasper wie in einem DDR-Propaganda-Film das Richtige selbst vorschlagen und durchführen würde, dann

---

für eine geordnete Bestattung. Kein häßlicher Massentod, keine Beerdigung im Massengrab! Die Ärzte unterstützten den kommunikativen Kurs der Witwe. Dr. Rust, hochrangiger Regierungsarzt, tat es zusätzlich, weil er sich schuldig fühlte. Er war am Sonntag zu spät gekommen.
Insgeheim wurde geprüft, was der GROSSE MANN in den letzten Tagen in sich gebracht hatte. Sogleich nach Bekanntwerden der Seuche hatte der Philosoph einen Verteidigungsring um sich errichtet, sich unerreichbar gemacht für Gäste. Aus der Stadt war er entwichen in die frische Luft. Milchprodukte mied er. Sie wurden verdächtigt, die Krankheit zu übertragen. Er gedachte, die Gefahr auszusitzen. Sein Magen-Darm-Trakt war stets schon im chaotischen Zustand. Keine Diät, die Marie versuchte, bekam ihm. Dann wiederum überfiel ihn wilder Appetit. Magenschmerz nahm er in Kauf.

---

könnten die Kinder das ihre nicht hinzugeben. Man produziert hohes Amüsement, wenn man dicht daneben liegt. Im Vergreifen produziert man Witze, und diese sprachlichen Kräfte liegen nicht in der Eindeutigkeit einer Information, sondern in der luxuriösen Produktion von Differenzen und Verfehlungen.

VOGL: Das ist die komische Seite des Denkens, wo Begriff und Missgriff zusammenspielen wie Kasper und Krokodil. Aber vielleicht gibt es dabei auch eine andere, weniger komische als bösartige Seite, wenn es um die Bewältigung des Zufalls durch das Denken geht. Man könnte an eine Erzählung erinnern, die seltsamer Weise mit einer Seuche und einer Infektion beginnt und das Zufällige oder Zugefallene bereits im Titel enthält. Das wäre die Erzählung mit dem Titel *Der Findling* von Kleist. Sie spielt in Italien, ein wohlhabender

---

Am Donnerstag hatte Hegel in abruptem Entschluß und unter Verzicht auf alle Vorsicht eine größere Menge Weintrauben gegessen. Danach klagte er, die Früchte hätten ihm »den Magen verkühlt«. Die Trauben waren in kaltem Wasser gewaschen worden. Entweder hatten die Cholerakeime auf der Außenhaut der Trauben gesessen und dem Wasser widerstanden, oder sie waren im Waschwasser versteckt und so auf die Trauben geraten. Hegels System der Verteidigung gegen die Seuche erwies sich als löcherig.

Wenn wir aber schon über die Schuld an Hegels Tod sprechen, so trifft diese die preußische Medizinalverwaltung als ganze. Traditionsgemäß unterstanden die Charité und die Leitung aller Abwehrmaßnahmen gegen die Seuche dem Militär. Die Haltung des Chefs des Heeresmedizinalwesens, Dr. Rust, war polizeilich, also negativ-abwehrend. Kein Akzent auf der

---

Kaufmann ist mit seinem kleinen Sohn auf Reisen unterwegs, gerät in eine Gegend, wo eine pestartige Seuche ausgebrochen ist. Aus Mitleid nimmt er einen infizierten Waisenjungen in die Kutsche, wird von der Polizei angehalten, in Quarantäne gebracht, wo sein Sohn stirbt, der Findling aber gesund wird und überlebt. Er nimmt dieses Kind mit nach Hause, adoptiert es. Das Kind wächst heran, und nach einer Reihe unübersichtlicher Verwechslungen, Zufälligkeiten, Täuschungen und falscher Ähnlichkeiten hat dieser Findling und Stiefsohn die Familie und den Kaufmann ruiniert. Und der durch die Seuche zugefallene und zufällig überlebende Pseudo-Sohn ist am Ende bösartig nicht bloß durch moralische Schwächen, sondern als Verkörperung reiner Zufälligkeit, ein Böses jenseits von Gut und Böse.

Erforschung der Seuche, keine Suche nach Gegenmitteln, sobald sie ausbrach, keine Aufmerksamkeit auf Lagerung und Behandlung der Erkrankten, sondern Maßnahmen an den Grenzen des Landes, daß sie nicht hereinkäme. Die Abriegelung blieb unvollständig. Zwar wurden alle Briefe, die ins Land gelangten, durchlöchert und durchräuchert. Strenge Körperkontrollen aller Einreisenden in den Zollstationen. Man hatte aber die Flußläufe und die Kanäle vergessen. Über die Bootsmänner kam die Ansteckung nach Berlin.
Der Tote lag sorgsam gebettet. Lebhafte Verhandlungen mit der Polizeibehörde. Eine Genehmigung war versprochen für ein Begräbnis auf dem Dorotheenstädtischen Friedhof, vorausgesetzt, die behandelnden Ärzte waren bereit, einen Totenschein auszufertigen, in dem von keiner Cholera die Rede war. Wenn tatsächlich diese Furie (nur sie tötet in nur wenigen Stunden)

KLUGE: Und wenn am Ende der empathische Retter dieses Kindes, der Vater, der ihn aufnimmt an Sohnes statt, ihn zum Schluss ermordet, daraufhin zum Tod verurteilt wird und bei der Hinrichtung vom Papst Absolution erhalten soll, dann nein sagt und die Absolution verweigert – dann tut er dies aus einem einzigen Grund: nämlich um diesem zufälligen Sohn und Findling in die Hölle nachzufahren und seine Rache dort weiter zu verfolgen. Über den eigenen Tod hinaus... Ich muss ganz ehrlich sagen, das ist die entschiedenste Form, in der man erzählen kann. Wäre das eine Katachrese?

VOGL: Ja, in der Struktur der Erzählung: Was reiner Zufall und also begrifflos ist, wird nachträglich mit Bedeutung ausgestattet. Die Suche nach einem Zusammenhang, nach einer Plausibilität im Denken, dieser Denkzwang ist die Täuschung schlechthin und hält das Katastrophengeschehen in Gang, bis ins Jenseits.

---

den Denker dahingerafft hätte, argumentierte Marie Hegel, dann läge er nicht mit entspannter Miene da. Sie schrieb in alle Winde, wie verklärt und ruhig, also in schöner Haltung und nicht gräßlich würgend und das Bett verunreinigend, ihr Geliebter entschlafen sei. »Entschlafen« war kein medizinischer Terminus für den Totenschein. Es war jetzt schon im akademischen Gespräch, daß die Cholera mit einem ihrer letzten Schläge Preußen den großen Gelehrten entrissen hätte. Solche Formulierungen wurden in der Universität hin und her gereicht. Zuletzt aber, da die Mitglieder der wissenschaftlichen Körperschaft durch ihre Schweigepflicht gebunden waren, hatte man sich auf einen Trauerzug verständigt, die Seuche geleugnet und bei der Polizeidirektion eine Grabstelle in der Nähe von

---

KLUGE: Wenn man hier einmal diese beiden Elemente nebeneinander hält: das Ausgrenzende der Intelligenz und der Begriffsbildung, kein Zuviel an Realität, ich sortiere die Realität so, dass sie in meinen Kopf passt; und die hingebende Methode, die des Fischernetzes, so viel Realität einfangen, wie ich kann – dann sind das ja keine Alternativen, die absolut gelten, ich kann beides ins Absurde führen, vielmehr muss man wohl beide wie Systole oder Diastole abwechseln...

In Bezug auf das Virus habe ich mich gefragt: Es sind ja enorme Intelligenz-Massen in den Laboratorien, in der Politik, auch in der öffentlichen Diskussion im Moment mobilisiert, die sich mit der Frage beschäftigen, wie verhalten wir uns, außer dass wir Abstand halten, außer dass wir uns die Hände waschen und ein Lied dazu singen, das lang genug ist für das Händewaschen, wie verhalten wir uns? Da gibt es eine große kollektive, summende Anstrengung eigentlich auf

---

Fichtes Grab zugestanden erhalten. Viel Kalk im Sarg um die Leiche herum aufgeschüttet. Marie Hegel hatte sich durch keine ihrer demonstrativen Selbstversuche angesteckt, sie hatte den Leichnam vor aller Augen mehrfach umarmt, ihn eigenhändig gewaschen und gekleidet, ihn auch geküßt. Sie hatte an seinem Bette die Nacht verbracht. Das nahmen die beamteten Entscheider als Beweis dafür, daß der mysteriöse Tod einen anderen als einen infektiösen Grund gehabt habe. Es handele sich um eine Singularität, sagten sie. In der Woche, in der Hegel bereits unter der Erde lag, war es dann möglich, der Nachwelt die WAHRHEIT Stück für Stück zuzugestehen, das ELEND eines so zufälligen Endes (lasche Trauben, von denen er gar nicht angenommen hätte, daß er sie wirklich essen wollte).

---

dem ganzen Planeten. Die chinesische Kommunistische Partei mit ihrem Denkapparat bekommt plötzlich eine neue Aufgabe, eine plausible Aufgabe. Und vor dem Hintergrund dessen, was wir gerade diskutiert haben, mit der Frage nach den verschiedenen Arten der Intelligenz und der intelligenten Texte, den Versuchen, Unterscheidungsvermögen auszudrücken und also zu erzählen: Nehmen wir zunächst das Ausgrenzende, wie Macron und andere, wenn sie sagen, das ist Krieg, das ist ein Kriegszustand. Aber auch wenn man alles mobilisiert, alle Desinfektionsideen zusammennimmt, alle Gegenmaßnahmen konzentriert, endlich einen Impfstoff einsetzt, den Kampf fortsetzt, um den Sieg ringt, dann wird er dennoch nicht endgültig oder absolut sein. Jetzt könnte man aber auch den umgekehrten Weg nehmen, mit Empathie eine Annäherung an das Virus versuchen. Was ist dessen Natur? Ich studiere es. Habe ich etwas vom Virus in mir? Nun habe ich das ganz gewiss… 51 Prozent meines Genoms sind ehemalige Viren, sie sind Patrioten meines Körpers geworden und sie bauen mein Immunsystem, beschäftigt mit der Bekämpfung von entsetzlichen Krankheiten von vor 45 Millionen Jahren bis heute. Aber wie kann man sich mit ihnen verständigen? Karin Mölling nennt die Viren Analphabeten. Deren RNA-Programm spricht nicht wie unsere DNA. Wie kann man sich mit Analphabeten verständigen, wenn das Erbgut nur biologische Schriften verstehen? Durch Zeichen? Durch Mimik?

VOGL: Zunächst durch einen experimentellen Bezug auf eine Sinneswelt, die nicht mit der unseren koinzidiert. Wir haben keinen gemeinsamen Sinn, keinen gemeinsamen Kanal, um uns verständigen zu können. Das fordert die Wissenschaft heraus. Sie geht ins Anästhetische, dorthin, wo sich das Leben für uns nicht spüren, nicht direkt wahrnehmen, nicht fühlen lässt, wofür wir selbst keine Sinne haben. Offenbar reichen unsere Sinnesorgane nicht dafür aus, das eigene Leben zu erfassen. Und was sich in Sinnesreize übersetzt, betrifft nicht unbedingt die elementaren Lebensprozesse, auch wenn sie zuweilen Behaglichkeit oder Schmerzen bereiten. Dieses Leben und seine Physiologie sind wesentlich breiter, größer und mächtiger als das, was in das Gefäß eines menschlichen Wesens passt. Und gerade die Bedrohung des Lebens, dieses organischen Geschehens ist geradezu paradoxal: Die Krankheit, die Infektion, der Ansturm von Viren führt zu einem Aufruhr, in dem sich nicht ein Weniger an Leben sondern ein Mehr an

Leben manifestiert. Da werden Vitalkräfte hervorgerufen, die förmlich explodieren und an einem bestimmten Punkt kaum mehr vom Sterben unterscheidbar sind. Das Leben produziert selbst den eigenen Tod.

KLUGE: Das hier ist sozusagen das Bergwerk unter dem Ich, eine Katakombe, zu der sich das Bewusstsein wie eine oberirdische Ruine verhält. Und der Aufruhr, der Vulkan in uns, baut eine Verständnisbarriere zu dem, wie die Zellen miteinander sprechen. Zunächst die Hirnsynapsen, die bilden ja ein pausenloses Konzert. Und während wir sprechen, zwitschern die – wie ein Hirnforscher einmal erklärte – wie kleine Vögelchen, wie Vogelstimmen klingt das, was die in ihrer Sprache, die keine Menschensprache ist, miteinander austauschen. Während wir unter Menschen sprechen, äußern sie sich in Kürzeln, parallel dazu, die etwas ganz Gedankenfremdes aber Systematisches haben. Unter dem Zwitschern der Synapsen liegen die elektrischen und chemischen Prozesse im Gehirn und in den Nerven. Die verstehen die Zellen, aber die Synapsen wiederum nicht. Zu dem, was wir am Ende Bewusstsein nennen, gehören also (von der Psychologie bis zur Zelle) massive gegeneinander abgeschottete Schichten, ähnlich wie in der Geologie. Und in diesem Zusammenhang sollten wir unser kommunikatives Problem mit dem Virus sehen. Ich frage mich, ob man dem mit Musik oder Malen nahe kommen könnte?

VOGL: Eine Frage dieser Art hat sich Gilles Deleuze einmal gestellt: Wäre es nicht die Aufgabe der Malerei, Kräfte sichtbar zu machen, die selbst nicht sichtbar sind? Und die Aufgabe der Musik, Kräfte hörbar zu machen, die nicht hörbar sind? Es ginge also darum, all die unspürbaren Kräfte einzufangen, die die Körper, die Organismen, die Zellen durchziehen. Für Deleuze ist das etwa in der Malerei von Francis Bacon passiert: Deformationen, Abwandlungen und Metamorphosen von Körpern, auf die alle möglichen Kräfte – Druckverhältnisse, Fliehkräfte, Kontraktionen, Drehmomente etc. – eingewirkt haben. Und all das wäre zugleich ein Manifest unerhörter Vitalität.

KLUGE: Also Verzicht auf herrschende Begriffe und auf den Imperativ: Du sollst meinem Verständnis gehorchen. Aber man könnte ja auch sagen, ich streichele dich, ich locke dich, du bist ein schönes Reh und hast schöne Augen, so könnte ich zu den kleinsten Teilen der Welt sprechen.

VOGL: Aber da gibt es wohl zwei unterschiedliche Vektoren. Der eine Vektor ist mit einem Satz angesprochen wie: »Wir befinden uns im Krieg«. Das heißt: ein Satz, eine komprimierte Erzählung, eine Handlungsform mit klaren Protagonisten und Instrumenten, Freund und Feind, Mobilisierung, Kampf und Triumph. Solche Erzähldestillate produzieren Kenntlichkeit, Überschaubarkeit, weil sie Bekanntes und Erzählschablonen aufrufen. Man könnte auch sagen: Sie machen einen Stein, der da vor uns liegt, schlicht und einfach steinig, ähnlich mit sich selbst. Es gibt aber einen umgekehrten Weg, nämlich durch eine Erzählung und durch die Annäherung an den Gegenstand nicht dessen Ähnlichkeit, Vertrautheit hervorzuholen, sondern …

KLUGE: … Gebirge fließen. Ebbe und Flut ergreifen das Meer; aber auf eine behutsame Weise, die sehr viel feinteiliger und nicht so einfach zu sehen ist, fließen bei Ebbe und Flut durch die Mondkräfte auch der Himalaya und der Pamir.

VOGL: Und über Jahrmillionen hinweg betrachtet, ist dieser Stein ein flüssiger Gegenstand, der all seine Bewegungen und Wandlungen, Kompressionskräfte, Kristallisationskräfte, Hitze und Abkühlung noch in sich trägt.

KLUGE: Im innersten Kern eine Verwandlung. Wie bei Ovid in den *Metamorphosen*: Die Götter verstehen nichts von den Menschen, sie gehen willkürlich mit ihnen um. Was diese selbstverliebte Liebesgöttin Venus macht mit Aeneas, ihrem Sohn, wie sie den verzieht, sie tötet praktisch die Schwiegertochter Dido. Und ob die Gründung Roms so ein besonders guter Göttereinfall ist, das weiß man auch nicht. Man ertappt die Götter dabei, wie ungeschickt sie mit den Menschen umgehen. Die Menschen aber, sagt Ovid, dürfen nicht ohnmächtig sein. Und wenn Apoll, der Gott des Algorithmus, heute der Gott von Silicon Valley, nach der Nymphe Daphne greift, nicht wie ein dicker Filmproduzent und schwitzend, nein, stattlich, göttlich, schmal, Alabasterhaut – die Nymphe will ihn trotzdem nicht. Und jetzt packt er sie und sie wird unter seinen Händen zu Holz. Aber dabei lässt Ovid es nicht bewenden. Die Erzählung soll den Menschen Mut machen. Deswegen entsteht aus dem Holz der Daphne der Lorbeerbaum. Überall an den Küsten des Mittelmeeres ist er zu finden. Millionen von Lorbeerbäumen an den Küsten, und noch auf dem Kopf des Tyrannen Cäsar, drei Tage vor seinem Tod, findet sich das nicht welkende Blatt des Lorbeers. Aber Entstehungsgrund war eine Vergewaltigung. Wären solche Metamorphosen ein Erzähltypus für das 21. Jahrhundert?

»SCHÖNE ANSICHTEN DER ZERSTÖRUNG«

Unbekannte Skizze von Karl Marx zum Umbau von Paris (1853–1869). Mit Joseph Vogl als Gerd Welp.

KLUGE: Wäre die DDR nicht an die Bundesrepublik, sondern an Frankreich angeschlossen worden, was ja von Mitterrand gewollt war, dann wären Sie jetzt ein großer Mann. In Frankreich haben Sie Geltung.

WELP: Der Traum wäre gewesen, dieses kleine Manuskript zu edieren. Dazu ist es nie gekommen.

KLUGE: 80 Seiten Vorwort … 56 Seiten, 2 Seiten Text, und dann: Kommentar, Kommentar, Kommentar – 27 Bände.

WELP: Aber die Politik war so, dass es mir bis heute verwehrt geblieben ist. Nichts desto weniger war ich ein sehr interessierter Leser und ich habe auch versucht, eine kleine Expertise zu schreiben, mit dem Ergebnis, dass es sich wahrscheinlich um ein Originalmanuskript von Marx handelt. Mir scheint es nächtlich geschrieben – man merkt es an den eigentümlichen …

KLUGE: Talgspuren? Sowas wie Kerzen?

WELP: … Talgspuren, genau. Und vor allem auch an einer fast stolpernden Schrift.

KLUGE: Und wie kommt das eigentlich? Ich meine, Sie arbeiten ja an einer Volkshochschule. Sie geben die Bode-Harz-Zeitung heraus – sie arbeiten hier an dem grundlegenden Kommentar über den siebenten Himmel des Kapitals nach Karl Marx. Wo nehmen Sie die Zeit her?

WELP: Ich nehme nicht die Zeit her, sondern für mich ist das tatsächlich eine Zeit, die ich mir selbst schenke. Noch einmal an der großen Geschichte zu sitzen, und nicht an der Heimatgeschichte, nachts noch einmal am Monument der Großen zu arbeiten, ist für mich eine Erfüllung, die eigentlich durch nichts zu ersetzen ist.

KLUGE: Und jetzt betrachtet ja Marx diese phantasmagorische Umbautätigkeit von Paris. Da wird eine mittelalterliche, eine königliche Stadt, aufgewühlt – sie sieht eigentlich aus wie die zerstörte Zone nach 1945. Und dies ist jetzt auf Pump konstruiert – das heißt, ein Kapital, das diesen Umbau bezahlt, kann man sich ja gar nicht vorstellen in Frankreich.

WELP: Es ist bemerkenswert, dass in diesem Manuskript bereits der Begriff der »Haussmannisierung« (*Hausmannisation*) auftaucht, der Begriff einer Sache, die ja dann für alle möglichen großen Projekte bis hin zu »Germania« in Berlin irgendwie Modell geworden ist. Dieses Manuskript trägt einen eigentümlichen Titel, einen deutschen Titel, der nachträglich offenbar durchgestrichen wurde: »Schöne Ansichten der Zerstörung«. Mich hat dieser Titel immer fasziniert, denn damit ist ja eigentlich ein äußerst ästhetisches Programm gemeint. Und tatsächlich nähert sich dieser Text zunächst einmal diesem großen stadtpolitischen und kapitalistischen Projekt über die Beschreibung von Phänomenen, über die Beschreibung von Architektur. Und die Frage: Was kann eigentlich unter modernsten Wirtschaftsbedingungen noch in der phänomenalen Welt sichtbar gemacht werden? Ich glaube, das ist eine Frage, die Marx auch hier in irgendeiner Weise intrigiert [sic!] hat.

KLUGE: Mit dem Abstieg der Bauarbeiten stößt man auf die Gräber, auf die Gebeine römischer, keltischer Vorfahren. Unter Paris gibt es Berge von Skeletten.

WELP: Was hier erschlossen wird, ist zunächst ein archäologischer, geologischer Querschnitt. Von den obersten Geschossen der Neubauten – Boulevard Haussmann, beispielsweise, der *grands boulevards* also – über die verbreiterten Straßenzüge bis hin zu den Katakomben von Paris wird eine Art monumentaler Aufbau einer der Kapitalen des 19. Jahrhunderts beschrieben – wobei da auch dieses Wortspiel vorkommt: Kapital und Kapitale, *capital* und *capital*.

KLUGE: Also die Hauptstadt ist wie ein Treibhaus gebaut, wie eine permanente Weltausstellung – und hier sind jetzt: die Hypotheken, aus denen diese Bautätigkeit in der Zukunft bezahlt werden soll, die Abzahlung der Hypotheken erstreckt sich bis 1984.

WELP: Ja. Und es gibt ein paar theoretische, äußerst interessante und sehr zukunftsweisende Überlegungen. Marx hat nämlich in der zweiten Hälfte dieses kurzen Textes darauf hingewiesen, und das ist ein kurzer Text, den er tatsächlich auf Englisch geschrieben hat. Da taucht dieser Ausdruck auf, der heute in aller Munde ist: nämlich *public private partnership*. Auf merkwürdige Weise gibt es hier von Napoleon III. über Haussmann induziert ein »Entrepreneur-Wesen«, das mit Deckungen durch den Staat auf Kredit riesige Bauunternehmen ins Werk setzt. Und damit wird eine – wenn man so will – eigentümliche Phasenverschobenheit der Finanzgeschichte und der politischen Geschichte vorgeführt, die Marx ja bereits kannte.

Man kann sagen: Die Pariser Kommune hat den Bauplänen von Napoleon III. und den Bauplänen von Haussmann ein Ende bereitet. Aber die Schulden, die Kredittilgung – Zins und Zinseszins – leben weiter. Diese Diskrepanz fällt Marx auf und er stellt die Frage: Welche Zeit hat eigentlich das Kapital und wie inseriert sich dort die etwas kürzere Zeit der Geschichte, die Zeit der politischen Regime?

KLUGE: Und da sagt er: Es gibt sozusagen im Mittelalter die Idee des Himmels. Es gibt sozusagen die Bodenhaftung. Das heißt: Jede Produktion, jede Fabrik, jede Arbeit muss einen Boden haben, auf dem ich stehe. Und jetzt sagt er: Nein, es gibt offenkundig etwas Drittes, und ich hab' es vielleicht nicht genügend beobachtet bis jetzt. Es kommt in den Kooperationskapiteln im *Kapital* schon mal vor, aber es ist so, dass es einen Zwischenhimmel gibt, ein Zwischenstockwerk sozusagen. Zwischen Erde und Himmel, am besten dargestellt durch die Ballons, die während der Commune und vorher die Belagerung der Preußen durchbrechen. Da sind lauter Ballons, die fliegen durch die Luft, und keine militärische Macht kann sie aufhalten. Und so ähnlich ist hier das Kapital flügge geworden.

WELP: Man könnte das Kapital tatsächlich »meteorgleich« nennen, wenn »meteor« auch eigentlich das Schwebende heißt. Also das Kapital ist ein schwebendes Wesen.

KLUGE: Und Meteor? Sind das Sternschnuppen?

WELP: Eigentlich heißt *meteoros* auf Griechisch das Schwebende. Es gibt also eine Art Kometenbahn des Kapitals. Es ist in dieser Hinsicht ein nicht-irdisches Wesen, ein Wesen, das irdische Schwere, irdische Verschleißformen abgelegt hat und deswegen auch immer als Substrat des ewigen Lebens angesehen werden konnte.

KLUGE: Und zwar je weniger es irgendeine materielle Basis hat, je mehr es sich von der Produktion löst – die Suezkanal-Gesellschaft hat sozusagen als Objekt den Suezkanal. Und dann wird sie enteignet, wie wir heute wissen. Und hat dann als eine vom Objekt erlöste Gesellschaft – es ist die reichste französische Gas- und Wasserversorgungsbehörde ...

WELP: ... deren Grundfeste ja Haussmann gelegt hat mit seiner Gasversorgung, mit seiner Wasserversorgung, mit seinen Kanalbauten. Haussmann hat ja nicht nur, sozusagen in Anführungszeichen, Paris verschönert – *embellissement* nannte man das – also die Verschönerung von Paris – sondern er hat Paris umgegraben und Infrastrukturen in den Boden gelegt.

KLUGE: Also je märchenhafter, je phantasmagorischer und virtueller etwas ist, desto besser ist es geeignet für diese Geister. Und jetzt hat der Materialist Marx ja das Problem, auf das Sie ja auch hinweisen – dass er auch nicht erklären kann, wieso es diese Geister geben kann. Aber sie entstehen offenkundig aus der Geselligkeit der Menschen, der Droge Geselligkeit.

WELP: Diese beiden Dinge: die Macht des Kapitals und die Macht des Vergnügens sind von diesen *animal spirits* bevölkert, also von diesen ansteckenden Geistern...

KLUGE: Ein Arbeiter arbeitet in hundert Stunden weniger als hundert Arbeiter in einer Stunde. Das nennt er *animal spirits*.

WELP: Die sich aber auch in allen anderen Formen – gewissermaßen der sozialen Ansteckung – niederschlagen. Also *animal spirits* beispielsweise arbeiten in der Börse, *animal spirits* arbeiten in Massenaufläufen. *Animal spirits* beleben auch die Operettenhäuser.

KLUGE: Und retten das Kapital, wenn es abstürzt.

WELP: Retten das Kapital, treiben es an oder machen eine bestimmte Funktionsweise des Kapitals, glaube ich, sichtbar. Marx hat in diesem kleinen Text, in diesem apokryphen Text, das Kapital auch – und das verwundert nicht – den »großen Entbinder« genannt. Das Kapital löst bestimmte Bindungen auf, setzt sich frei. Und die Frage ist: Wie zeigt sich diese Entbindung? Ich würde sagen: Wir müssen das heute »Dekontextualisierung« nennen. Also etwas verliert seinen Kontext, seinen Boden, seine Verwandtschaften, seine – wenn man so will – Bindungen an bestimmte Ortschaften etc. Das ist gewissermaßen die Herrschaft der Perspektive, das ist die Herrschaft dieses grandiosen Überblicks, der plötzlich geschaffen wurde. Das ist vor allem die Herrschaft des leeren Raums, das Problem der Sichtbarkeit. Ich erinnere noch einmal daran, dieses Manuskript heißt: »Schöne Ansichten der Zerstörung«. Das Problem der Sichtbarkeit besteht darin, mitten in einem eng bebauten Raum etwas zu erzeugen, was man später »Stadtlandschaft« nannte und was vor allem das Ausbreiten leeren Raums bedeutet. Leeren, nicht bebauten, gerade gezogenen, luftigen Raums.

KLUGE: Die Champs-Élysées … So viele Autos können da gar nicht fahren, wie da Platz ist …

WELP: So viel Verkehr, so viel Luft, so viel Militär kann gar nicht zirkulieren, wie diese Straße fassen kann. Das zeigt im Grunde die Präsenz des Schwebenden, des Nichtmateriellen mitten in der steinernen Welt der Stadt.

KLUGE: Ich merke an Ihren Worten immer: Das ist alles immer ins Französische übersetzt und nun übersetzen Sie es zurück?

WELP: Ja.

KLUGE: Wie hieß das Wort? Dekontextualisierung? Das gibt es im Deutschen doch gar nicht.

WELP: Nein, das gibt es im Deutschen nicht.

KLUGE: Aber im Französischen klingt das gut!

WELP: Hoffentlich. Ich habe diesen Ausdruck schon einmal in einem kleinen Volkshochschulkurs erprobt.

KLUGE: Das war im 18. Jahrhundert auch so, dass wir mehrere französische Ausdrücke hatten – zum Beispiel das Wort »Friseur«. Selbst, wenn es im Französischen gar nicht existiert, hat es sich populär eingerichtet.

WELP: Wie »Trottoir«. So würde ich gerne auch sagen, dass die »Dekontextualisierung« ein geläufiger Ausdruck für die Wirkungsweise des Kapitals unter schwierigen Umständen ist. Was hier sichtbar gemacht wird, ist der Schnitt: der Schnitt durch die Geschichte, der Schnitt durch die Stadtgeschichte, der Schnitt durch die Bevölkerungen.

KLUGE: Und jedes Mal, bei jedem solcher Schnitte entsteht eine Zusatzenergie, werden die *animal spirits* angeregt und die Menschen nehmen sozusagen – indem sie Paris bewohnen, indem sie die Hypotheken in kleiner Münze zurückzahlen – etwas auf von einem Leben, das sie nicht gewählt haben. Drei Generationen nach diesen Umbauten von Paris sind immer noch Leute da, die das bewohnen …

WELP: … ja man muss wirklich sagen: bewohnen, lieben und hassen. Ganz wichtig: Was da passierte, ist, dass zum ersten Mal – und zwar ganz, ganz explizit in Erzählungen, in Briefen erwähnt, alles das, was man sonst aus dieser Stadt bekommt –

dass diese Stadt durch diese Umbauten ein Objekt der Liebe und ein Objekt des Hasses gleichzeitig geworden ist. Man will sie bewohnen, man kann sie bewohnen, sie ist unbewohnbar, und man hat gleichzeitig ein ideales, ein idealisiertes Bild der Vergangenheit. Plötzlich ist da das alte, das verschwundene, das mittelalterliche Paris, das wieder auftaucht – wie das Paris von *Notre-Dame de Paris*, das Paris des Glöckners von Notre Dame. Marx liebte Balzac.

KLUGE: Also kann man sagen – so steht es auch auf der letzten Seite notiert: Von einem gewissen Grad der Verrücktheit an sind solche Projekte glücklich. Die Grundstückskrise, wie wir sie in den USA erleben, kann hier nicht passieren. Sie müsste eigentlich passieren. Eigentlich müsste das alles unbezahlbar sein.

WELP: Ja. Das steht nicht in diesem kleinen Manuskript – aber es passierte natürlich sowas. Man kann beispielsweise nachweisen, dass die Immobilienpreise und vor allem die Mieten, was ein großes Problem war, sich ab den Jahren 1853/54 durch diese Umbauten verdoppelt haben. Also es war jetzt nicht unbedingt eine Krise...

KLUGE: Es wird degressiv. Weil so viel Raum da ist. So viel kann man gar nicht bewohnen. Das ist ein Schloss für eine künftige Menschheit.

WELP: Aber es gibt eine andere Geschichte, die, glaube ich, für mich nicht weniger interessant ist und auf die auch in diesem Manuskript angespielt wird. Im *Kommunistischen Manifest* steht ja sinngemäß, dass das Bürgertum und das Kapital wesentliche revolutionäre Kräfte sind. Sie sind die großen Veränderer der Geschichte. Und damit auch die großen Entbinder. Diese Formulierungen werden aufgegriffen und da kommt ein ganz überraschender Ausdruck bei Marx in diesem Manuskript:

Er greift nämlich die Selbstbeschreibung von Haussmann auf, der von sich selbst sagte: »*Je suis un artiste démolisseur*«, ich bin ein zerstörender Künstler.

KLUGE: Ein Zerstörungskünstler.

WELP: Ja. Und Marx nimmt diesen Begriff und fügt dort in seinem Text auf Deutsch den Ausdruck »schöpferische Zerstörung« ein. Das ist deswegen überraschend, weil dieser Begriff erst ungefähr 80 Jahre später öffentlich wurde, bei Joseph Schumpeter auftauchte und dann bis heute zu einem Schlagwort für die fröhlichen Destruktionen des Kapitalismus geworden ist.

KLUGE: Ein Plagiat.

WELP: Wie ein Plagiat, offenbar. So dass wenigstens der Verdacht besteht, dass Schumpeter vielleicht in seiner kleinen Anwaltskanzlei in Kairo, wo er nach verschiedenen Bankrotten aufgetaucht ist – oder vielleicht auch noch, als er Wirtschaftsminister in Österreich war – von diesem Manuskript gewusst haben musste. Denn es ist dieselbe Formulierung. Und sie wird für denselben Prozess verwendet: nämlich für den Prozess, dass das Kapital nur kraft seiner verändernden Wirkung überhaupt in der Geschichte sichtbar wird. Man sieht das Kapital nicht, man sieht sozusagen nur den Prozess der Veränderung und damit eben den Prozess der progressiven, schöpferischen Zerstörung. Die Stadt wird plötzlich zukunftssüchtig. Dass eine Stadt ihr Gesicht nun immer auf ihre Zukunft lenkt, gehört, glaube ich, wesentlich zur Erfindung der Metropolen. Und das ist natürlich auch eine der fundamentalen Bewegungen, Neigungen – man könnte sogar sagen: Lüste und Begierden dieses Kapitals.

KLUGE: Interessant. Keine Golddeckung, sondern Steindeckung.

WELP: Steindeckung einerseits – also fest gebauter Stein – und Kredit andererseits, also Risiko des Ungedeckten schlechthin. Zwischen diesen beiden Extremen passiert diese »schöpferische Zerstörung«. Stein, Bauprojekte, das Umpflügen der Stadt auf der einen Seite; und Ungedecktes, Luftiges und, wenn man so will, rein spirituelles Geld auf der anderen Seite.

KLUGE: Das ist ein unglaublich hoher Berg von Schulden für die Bautätigkeit, ja. Und das wird langsam abgenagt über die Jahrhunderte. Das heißt: mit sehr entwertetem Geld wird bis in die 80er Jahre des 19. Jahrhunderts, des 20. Jahrhunderts abgezahlt.

WELP: Ja.

KLUGE: Weggezaubert.

WELP: Ja, aber vielleicht nicht nur weggezaubert. Denn gleichzeitig ist ja damit ein großes Versprechen verbunden: nämlich das Versprechen auf Dauer – und zwar einer Dauer, die gegen jede irdische Vergänglichkeit, gegen jedes Verwittern des Steins, gegen jede kriegerische Zerstörung immunisiert. Diese Hoffnung ist mit diesem Kapital, mit dem Kredit, mit dem Zins, mit dem Zinseszins, mit dieser endlosen Dauer verbunden. Ein eigentümliches Reservoir an Hoffnung.

QUELLENNACHWEISE

Der vorliegende Band versammelt eine Auswahl aus Gesprächen, die seit 2009 geführt wurden, auch während des Shutdown im April 2020. Sie werden in Zukunft vermutlich fortgesetzt werden. Für diesen Band wurden sie korrigiert und zum Teil gründlich überarbeitet. Ein großer Dank geht an Sophie Bunge, die die Redaktion der Texte übernahm.

Das Loch in der Wirklichkeit. Gespräch über Gespräche

Interview mit Claudius Seidel und Julia Encke, in: *Frankfurter Allgemeine Sonntagszeitung*, 17.5.2009.

***Moby-Dick* ist das Senkblei der Geschichte**

Unter dem Titel »Moby-Dick & Godzilla« gesendet in: *News & Stories*, SAT 1, 20.11.2011 (Kurzversion abgedruckt in: *Die Welt*, 27.09.2011).

Die Menschmaschine: Bestie Mensch – Über die Entdeckung der Triebe

Gesendet in: *10 vor 11*, RTL, 15.08.2011.

Berichte zur Zeit: Das kalte Herz und das Geld – Über Orientierung im Kältestrom

Gesendet in: *News & Stories*, SAT 1, 15.4.2012.

Geld macht den Dingen Beine

In: Alexander Kluge, *Früchte des Vertrauens*, filmedition suhrkamp, Frankfurt am Main 2009.

»Es sind Geister in den Maschinen«
Alexander Kluge und Joseph Vogl im Gespräch mit Andrej Heinke

In: Robert Bosch GmbH (Hg.), *M7 Crossmapping the Future 2017/2018*, Renningen 2017.

Europa: das unbeschriebene Blatt

Gesendet in: *News & Stories*, SAT 1, 18.11.2012.

Keine Macht für niemand. Machttechnologien im 21. Jahrhundert

Gesendet in: *News & Stories*, RTL, 16.5.2010.

Begriffskatastrophen. Wirklichkeitszerfall im April 2020

Skype-Gespräch, geführt am 11.04.2020.

»Schöne Ansichten der Zerstörung«

In: Alexander Kluge, *Früchte des Vertrauens*, filmedition suhrkamp, Frankfurt am Main 2009, Kapitel 26 (abgedruckt in: Christian Schulte (Hg.), *Die Frage des Zusammenhangs. Alexander Kluge im Kontext*, Berlin 2012).

INDEX

GESCHICHTEN, QUELLEN, ZEUGEN

E

F

G

H

J

K

O

P

S

T

V

W

Z

Alexander Kluge & Joseph Vogl

Soll und Haben. Fernsehgespräche

Broschur | 336 Seiten | ISBN 978-3-03734-051-6 | 24.95 €

Das deutsche Privatfernsehen ist nicht eben bekannt für seine niveauvollen Diskussionsformate; umso überraschter hält der mitternächtliche Zapper inne, wenn auf einem der Kanäle Sätze fallen wie: »Ökonomischer Aberglaube ist so etwas wie das Spektrum bürgerlicher Tugenden« oder »Die Lösungen liegen immer auf der Straße, im Verkehr«. Er ist, unzweifelhaft, in eines der im wahrsten Sinne des Wortes merkwürdigen Kulturmagazine von Alexander Kluge geraten.

Alexander Kluge, der wohl eigensinnigste Autor, Filmemacher, Philosoph, Kulturtheoretiker, Regisseur, Medienpolitiker und Chronist Deutschlands, produziert seit 1988 unabhängige Kulturmagazine im deutschen Privatfernsehen. Seit 1994 ist der Kulturwissenschaftler Joseph Vogl regelmäßiger Gast in seinen Sendungen. Alexander Kluges charakteristische Interviewtechnik hat in ihm ihr kongeniales Gegenüber gefunden. Ergebnis der beiderseitigen Passion sind über vierzig Fernsehinterviews, die eine eigene Kunst der zielführenden Abschweifung kultivieren und das Genre völlig neu erfinden.

Soll und Haben versammelt eine erste Auswahl dieser Gespräche in Buchform. Das thematische Spektrum reicht quer durch die Zeiten und Kulturen. Ob Vogl jedoch über Amoklauf spricht, über Kapitalismus in Ostindien, globalisierte Gefühle, politische Tiere oder den geheimen Zusammenhang von Terror und Macht, Dichtung und Bürokratie, Kluges insistierende Präsenz bringt den Befragten nicht nur immer dazu, mehr und anderes zu sagen als das vorher Gewusste, das öffentlich bereits Niedergelegte. Und immer ergeben sich auch schlaglichtartige Erhellungen der aktuellen Verhältnisse: »Aus der Ferne kommt unser Nächstes zurück«.

Joseph Vogl

Das Gespenst des Kapitals

Broschur | 224 Seiten | ISBN 978-3-03734-116-2 | 14.95 €

Sind die irrationalen Exuberanzen des Finanzgeschäfts wirklich Ausnahmefälle oder nicht eher reguläre Prozesse im Getriebe kapitalistischer Ökonomien? Reicht die Unterscheidung von rational und irrational überhaupt hin, die Effekte dieses Systems zu fassen? Begegnet ökonomische Rationalität hier nicht unmittelbar ihrer eigenen Unvernunft? Arbeitet das System tatsächlich effizient und rational? So wenig der Kapitalismus als reiner Rationalisierungsprozess beschrieben werden kann, so wenig lassen sich Spekulation und Spekulanten als verworfene oder pathologische Ausnahmegestalten begreifen. Vielmehr wirken Ungewissheit und Instabilität im Herzen des Systems; und hier vollzieht sich ein Angriff der Zukunft auf die übrige Zeit - das Gespenst des Kapitals.

Joseph Vogl

Der Souveränitätseffekt

Gebunden mit Schutzumschlag | 320 Seiten | ISBN 978-3-03734-250-3 | 24.95 €

Wirtschaftskrisen bieten die Chance zur Realisierung des politisch Unbequemen, formulierte Milton Friedman einmal. Diese Entwicklung ist keineswegs neu. Wie Joseph Vogl zeigt, sind die Dynamiken des kapitalistischen Systems und des Finanzkapitalismus durch eine Ko-Evolution von Staaten und Märkten geprägt, in der sich wechselseitige Abhängigkeiten etablieren und verstärken. Vom frühneuzeitlichen Fiskus und dem Auftritt des privaten Financiers über die Entstehung von Zentralbanken hin zur Herrschaft von Finanzokonomie und »global governance« zeichnen sich Souveränitätsreservate eigener Ordnung ab, die autonom innerhalb der Regierungspraxis wirken und im Interesse privater Reichtumssicherung die Geschicke unserer Gesellschaften bestimmen: als ungenannte Vierte Gewalt im Staat.

1. Auflage

ISBN 978-3-0358-0347-1

Satz und Layout: 2edit, Zürich
Druck: Steinmeier, Deiningen

www.diaphanes.net